U0459543

浙江省哲学社会科学规划领军人才培育专项课题
浙江外国语学院“弘毅英才”计划资助阶段成果

新闻语篇中的间接引语构建国家形象研究：话语语用学的视角

郁伟伟 谢朝群 著

吉林大学出版社
·长春·

图书在版编目（CIP）数据

新闻语篇中的间接引语构建国家形象研究：话语语用学的视角 / 郁伟伟，谢朝群著. -- 长春：吉林大学出版社，2024. 7. -- ISBN 978-7-5768-3376-8

Ⅰ. G210

中国国家版本馆 CIP 数据核字第 2024S4V940 号

书　　名　新闻语篇中的间接引语构建国家形象研究：话语语用学的视角
　　　　　XINWEN YUPIAN ZHONG DE JIANJIE YINYU GOUJIAN GUOJIA XINGXIANG YANJIU：HUAYU YUYONGXUE DE SHIJIAO
作　　者　郁伟伟　谢朝群
策划编辑　李潇潇
责任编辑　刘　丹
责任校对　崔吉华
装帧设计　中联华文
出版发行　吉林大学出版社
社　　址　长春市人民大街 4059 号
邮政编码　130021
发行电话　0431-89580036/58
网　　址　http：//www. jlup. com. cn
电子邮箱　jldxcbs@ sina. com
印　　刷　三河市华东印刷有限公司
开　　本　787mm×1092mm　1/16
印　　张　15
字　　数　192 千字
版　　次　2025 年 1 月第 1 版
印　　次　2025 年 1 月第 1 次
书　　号　ISBN 978-7-5768-3376-8
定　　价　78. 00 元

目 录
CONTENTS

1 绪　论

2020 年伊始，新冠肺炎疫情席卷全球，面对这场全球性公共卫生危机，中国人民众志成城，以坚强的意志、不屈的精神与疫情作斗争，为全球抗疫争取了宝贵的时间。

面对复杂的国际形势，如何构建正面积极的国家形象变得十分迫切。Ramo（2007：12）曾指出，“中国今天面临的最大战略威胁是其国家形象”“中国被其他国家如何看待，以及这种看法所反映的潜在现实，将决定中国发展和改革的未来。”国家形象作为一种软实力，“是日常民主政治的一个重要组成部分”（Nye，2004：6）。国家形象与国家事实并不相同。“形象必须被看作是行为单元的整体认知、情感和评价结构，或者说是其对自身和宇宙的内部看法”（Boulding，1958：123）。Kunczik（1997：47）也指出，国家形象是“个体对特定国家的认知表征，即个体对一个国家及其人民相信是真实的东西”的认知表征。

因此，我们不仅要重视做了什么的客观事实，更要讲好具有中国特色的好故事，构建具有中国特色的话语体系。

本章首先简要地回顾研究背景，然后讨论本研究的研究目的及意义，最后介绍本书的框架结构。

1.1 研究背景

大众媒体作为促进国际和解的手段，发挥了很大作用。Smith（1971：117），Zuo（2022：10）等都指出，在形成一个国家形象的所有因素中，媒体在国家形象的构建和传播中发挥了决定性的作用。

我国的外文新闻媒体，如 Xinhua News Agency、CGTN、《人民日报》海外版、*China Daily*，作为对外传播的窗口，对国家形象的建构和对外传播起到了关键性的不可替代的作用。徐小鸽（1995：36）就指出，国家形象是指“一个国家在国际新闻流动中所形成的形象，或者说是指一国在他国新闻媒介的新闻和言论报道中所呈现的形象”。胡晓明（2011：22）也曾阐明，一个国家的国家形象包括一个人对一个国家的认知，这种认知“基于这个人的学习、个人经验、书知和从媒体获取的知识，以及这个人的社会关系”。

如何对国家形象进行有效的传播和管理是摆在国内媒体面前的一个重要议题。管理并不意味着使用威胁等硬实力，而是使用说理的能力或吸引力的能力，通过论证或吸引来打动人。良好的国家形象将有助于促进国际交流与合作，发挥国际影响力，实现自身发展利益（Cheng，2021：102）。对其他国家的陌生感会引发对其他国家人民的简化刻板化的认知。

有鉴于此，本研究试图采用语料库研究方法，考察自建的 CGTN 报道新闻语料库中构建国家形象的策略和手段。

1.2 研究目的及意义

前人研究尚存在一些不足。

首先，在研究深度上。语料库规模有限，多以数十篇新闻报道或政治演讲为语料，规模小，代表性低。其次，在研究广度上。研究方法尚以简单的软件频数统计和采用例句的定性分析为主，缺乏普遍适用性。第三，研究对象上，多以纸质或书面媒体的单模态为主，缺少广播新闻语料和多模态语料的相关研究。

在总结前人应用话语历史分析法（DHA）的应用研究的基础上，本研究尝试采用语料库研究方法，利用包含 766 篇文本，共计近 450 754 词的大规模公共卫生广播新闻语料库（CPHBN），采用定量和定性分析的研究方法，如应用最新版的 LancsBox X 软件，采用可视化共现图谱和 USAS 语义赋码检索，构建四维分析框架，分别是：引语时态分布特征、介入资源分布特征、被报道者身份特征及话语历史分析视角下的主题、互文性和话语策略分析。并结合承载具体语言形式的典型文本和非典型文本的案例分析，总结其所构建的中国的国家形象。以期对公共卫生广播新闻语料库中国家形象的建构作一系统研究。

1.3 论文框架结构

本研究采用基于语料库的方法，在对实证数据作定性和定量分析的基础上研究，将回答四个研究问题，在本文所建构的公共卫生广播新闻语料库（CPHBN）中：

第一，间接引语的时态分布特征如何？

第二，间接引语中介入资源的分布特征及与时态的共现特征如何？

第三，被报道者身份的分布特征及与时态和介入资源的共现特征如何？

第四，话语历史分析视角下国家形象是如何构建的？

本文共分为 9 章。第 1 章为绪论，介绍本研究的目的及意义、研究方法及结构安排。第 2 章为国内外相关研究综述，从全球公共卫生事件相关研究、话语历史叙事法（DHA）两方面展开。第 3 章为理论基础与分析框架。其中理论框架包括引语的双重参照点模型、评价理论的介入系统、话语新闻价值分析（DNVA）和话语历史分析法（DHA），而分析框架则是基于上述理论，围绕以上四个问题建立的四维分析框架。第 4 章介绍本研究使用的语料库检索工具和标注方案。第 5、6、7 章为对前三个问题的解答统计结果，分别为间接引语的时态的分布特征、介入资源的分布特征及被报道者的身份特征及与时态和介入资源的互动。第 8 章在前三章统计结果的基础上，讨论了话语历史分析法（DHA）下国家形象的构建，包括基于高频主题词（Keywords）的主题和内容分析、基于重复和引用的显性互文性分析，以及对 5 类话语策略的分析。第 9 章为本文的结论部分，呈现本研究的主要发现，并指出本研究的局限性及未来研究方向。

2 国内外研究现状

本章主要对国内外有关国家形象、2020-2023 年全球公共卫生事件及话语历史分析法（DHA）研究的相关文献做一梳理，为本文关于广播新闻语篇中的报道者、被报道者和虚拟读者三者间的时态、介入资源、被报道者身份的话语历史分析研究、国家形象的建构提供研究背景。

2.1 国家形象

本节将从三个方面进行国家形象的研究，分别为：定义和分类、管理、功能。

2.1.1 国家形象的定义和分类

国家形象，也称为“国家声望”“国家吸引力”“国家声誉”和“国家品牌”（Liu，2020：1396），是信息时代一种非常重要的软实力形式（Nye，2004）。“国家形象”可以分为“自我形象”和“他者形象”（Ji，Yang，and Zhou，2022：5）。

“软实力是日常民主政治的一个重要组成部分。建立偏好的能力往往与无形资产相关，如引人注目的个性、文化、政治价值和制度，以及被视为合法或具有道义权威的政策”（Nye，2004：6）。

美国新制度经济学的经济学家和代表，Boulding（1958：120-121）首次引入“国家形象”概念并被公认为国家形象理论的创始人，强调国家形象与国家事实并不相同。“形象必须被看作是行为单元的整体认知、情感和评价结构，或者说是其对自身和宇宙的内部看法。”“国家形象对国与国之间关系的影响，即对国际关系中事件进展的影响，是一个重要方面”（ibid：123）。国家之间的关系可以通过三个不同的维度来描述，即地理空间、态度和物质实力，第一个是国家的客观地理空间维度，即国家的地理形象；第二个是外部对其“敌对”或“友好”态度；第三个是对一个国家的“实力”或“弱点”（ibid：123-125；Wang，2021：6；Liu，2020：1395）。“在国际体系中重要的形象是一个国家对自身以及构成其国际环境的其他主体的看法”（Boulding，1958：123）。

Scott（1965：100）提供了关于国家形象的详细说明，国家的形象包括认知属性（指人们对国家的认知或想象）、情感属性（反映人们对国家喜欢或不喜欢的程度，通常与人们是否支持该国有关）和行动属性（指基于感知属性产生的一系列反应）。因此，国家形象可以定义为“个体对特定国家的认知表征，即个体对一个国家及其人民相信是真实的东西”的认知表征（Kunczik，1997：47）。

Nimmo 和 Savage（1976：8）定义形象为“人类构建在一个客体、事件或人物投射的一系列感知属性上的一种人造结构”，受到外部行为者发出的信息的影响（转引自 Zhang and Wu，2017：32）。

Martin 和 Eroglu（1993：193-194）将国家形象定义为“一个人对特定国家所有描述性、推断性和信息性信念的总和，是一个多维构念”。个人对国家的形象可能是“通过直接与该国的经历形成的；可能会受到外部信息源的影响；还可能受到基于过去经验的推断的影响”

(ibid：194)。

Ndalahwa（2007：26）将国家形象总结为“一种多功能的构念集合”，包括音乐、地理位置、人民和其他受尊敬的变量。认知评估是“由各种信息源引起的，这些信息源是象征性刺激（目的地的推广活动）和社会刺激（亲朋好友的口口相传）”（ibid：26-27）。

中国学者对国家形象的概念有不同的定义。徐小鸽是国家形象问题的早期研究者，徐小鸽（1995：36）认为国家形象是指“一个国家在国际新闻流动中所形成的形象，或者说是指一国在他国新闻媒介的新闻和言论报道中所呈现的形象”。

管文虎、邓淑华和罗大明（2000：3）是中国学术界首次正式定义国家形象的学者，他们认为“国家形象是一个综合体，它是国家的外部公众和内部公众对国家本身、国家行为、国家的各项活动及其成果所给予的总的评价和认定”。

胡晓明（2011：23）进一步概述了对国家形象的三种理解。第一种理解将国家形象视为国际观众对某个国家相对稳定的评价。第二种理解将国家形象定义为主权国家及其人民在国际舞台上的外观和行为。在这种理解中，这些元素构成国家形象：实际的外观和行为，以及所观测到的全球舆论。第三种理解将国家形象定义为国内和国际观众对某个国家的评估、评价和信念的总和。根据胡晓明（2011：22）的说法，一个国家的国家形象包括一个人对一个国家的认知，这种认知“基于这个人的学习、个人经验、书知和从媒体获取的知识，以及这个人的社会关系”。

Liu（2020：1394）认为国家形象是主权国家之间互动的结果。国家形象是反映一个国家综合国力的一种影响，是一种抽象且难以用数字和数据量化的东西。国家形象是国家软实力的重要表现之一，国家形象的塑造基础是国家软实力，它可以影响每个国家的外交政策或外交手段，国家在国际舞台上的地位也影响了国家软实力的实现。

孙有中（2002：16）提出国家形象是国家政治（包括政府信誉、外交能力和军事准备）、经济（包括金融实力、财政实力、产品特色和质量、国民收入）、社会（包括社会凝聚力、安全与稳定、国民士气、民族品格）、文化（包括科技实力、教育水平、文化遗产、风俗习惯、价值观念等）与地理（包括地理环境、自然资源、人口数量等）方面状况的认识与评价，可分为国内形象和国际形象，它们之间常常存在很大的差异。

刘小燕（2002：61）认为国家形象是“国家的客观状态在公众舆论中的投影，也就是社会公众对国家的印象、看法、态度、评价的综合反映，是公众对国家所具有的情感和意志的总和”。

Peng（2004：53）认为国家形象是一个复杂历史过程的产物，涉及许多因素的相互作用，如特定国家的政治和社会现实、外交关系，以及国际政治和经济领域的变化，以及大众传媒和流行文化中的象征性表达。

邓仁华和杨帆（2022）运用评价理论的态度、介入和极差分析了新冠疫情防控期间中美媒体对疫情的报道和国家形象的构建。态度系统中，中方以积极的鉴赏和情感资源为主，而美方以消极的态度和判断资源为主；介入系统中，中方以对话扩展中的归属和接纳为主，而美方以对话收缩中的否认和公告为主；级差系统中，中方以弱化意义的表达为主，美方以强化意义的表达为主。

2.1.2 国家形象的管理

Smith（1971：117）指出，“对于大多数人来说，他们对国际形象的认知是在没有亲身接触到形象对象的情况下形成的，通常他们获得信息的渠道仅限于由自己社会提供的渠道，因此，这些形象相对缺乏信息支持，它们在很大程度上基于一般共识而非个人经验，并且它们的负面性被放置在几乎文化一致的背景中”。大众媒体作为促进国际和解的手段，发挥了很大作用。

在对其他国家的认知方面，其他国家的形象与形象持有者的自我认同和自身利益相关（Kleppe and Mossberg，2005）。也就是说，国家形象的问题始于其与他国的接触，以及如何正确理解他国。这种理解过程通常源自我们与其他人和国家的媒介经验。刻板印象在对其他国家的人或民族的知识和兴趣中起着关键作用（ibid）。总体而言，对其他国家的陌生感会引发对其他国家人民的简化刻板化的认知（ibid）。形象管理也可能影响对其他国家的认知（Li and Chitty，2009：4）。管理并不意味着使用威胁等硬实力，而是使用说理的能力或吸引力的能力，通过论证或吸引来打动人，这与 Nye（2004：6）所说的软实力相符。因此，国家形象基本上是国家软实力的一部分，包括文化、政治价值观和外交政策目标（Li and Chitty，2009：4）。它与依赖于国家军事和经济实力的硬实力有所区别。“在信息时代，更有可能吸引人并获得软实力的国家是那些具有多种传播渠道，有助于解决问题的国家；其主导文化和观念更接近全球主流规范的国家；并且通过其国内和国际的价值观和政策增强了其可信度”（Nye，2004：31-32）。

新闻报道遵循一个普遍的敌对或友好的框架。一种“我们”对“他们”的冷战心态盛行。例如，社会主义国家的政治动荡是新闻，但其他国家的类似动荡则不是。较不发达国家的国家形象经常被扭曲和误传，主要反映了他们社会的负面方面。社会主义国家的普遍形象被描述为老化、无能的领导层，不能改变或制定政策，只能操纵政治（Cohen，1961）（转引自 Peng，2004：58）。

大流行病为国家声誉管理提供了机会（Christensen and Ma，2021：642）。

在形成一个国家形象的所有因素中，媒体在国家形象的构建和传播中发挥了决定性的作用（Zuo，2022：10）。

国家媒体是中国政府建设国家形象的重要工具。“中国官方媒体通过两种主要策略推动中国的软实力：（1）强调中国的文化和经济成就，以及（2）提供关于中国的正面报道”（Zhou，2022：327）。

一个国家的国家形象在其他国家公民心中更多地体现为媒体形象。他们根据他们收到的媒体报道，理解和重构一个国家，随后形成对该国的印象。新闻媒体是我们没有直接接触的广阔世界的窗口（Zeng，2022：9）。

2.1.3 国家形象的功能

“中国今天面临的最大战略威胁是其国家形象”“中国被其他国家如何看待，以及这种看法所反映的潜在现实，将决定中国发展和改革的未来”（Ramo，2007：12）。

国家形象的整体建构很大程度上是社会和文化背景中相互作用的因素，在特定国家的制度安排和在给定的全球传播结构中的表现的结果（Leung and Huang，2007：691）。

简而言之，良好的形象产生信任和合作，有助于建立联盟，推动经济发展，从而有助于国家利益。相反，不良的形象会引发敌对反应，损害经济，并破坏国家安全（Hartig，2016：661）。

作为软实力的重要组成部分，良好的国家形象将有助于促进国际交流与合作，发挥国际影响力，实现自身发展利益（Cheng，2021：102）。

改善的国家形象可以为旅游、国际贸易、国际就业市场和国际关系创造更有利的环境（Anholt，2008）（转引自 Zhang，2021：14）。

国家形象是软实力的重要组成部分（Cheng，2021；Law，2009），也是增强软实力的有效途径。通过构建积极的国家形象，可以传递各种间接和非强制性的政策、行动和价值观，塑造和培养国际舞台上的软实力（Ju，Sannusi and Mohamad，2023：44）。

尤泽顺（2016）运用国家形象修辞理论，探讨了习近平 8 篇对外演讲中，采用的平民化隐喻、名人名言、相似的习语、叙事及其他平民化话语方式四种平民化话语，构建了中国亲和、友好、热爱和平的国家形象。

2.2 全球公共卫生事件（2020—2023）相关研究

本节将从四个方面综述对 2020—2023 年全球公共卫生事件的相关研究，分别为：新闻媒体的话语策略、批判话语分析方法、基于语料库的研究方法、叙事研究方法。

2.2.1 新闻媒体的话语策略

研究集中在中国国家形象构建中使用的或者外国媒体采用的话语策略，例如 Abbas（2022），Alpermann 和 Malzer（2023），Borza（2023），Caliendo（2022），Fan、Pan 和 Sheng（2023），Hellmann 和 Oppermann（2022），Hafner 和 Sun（2021），Huan（2023），Wu、Turiman 和 Ab Aziz（2022），Jia 和 Lu（2021），Li、Zhao 和 Lou（2023），Meadows、Tang 和 Zou（2022），Tao（2021），Wang（2022），Yang 和 Wang（2020），Yu（2022），Zhang、Zhang 和 Blanchard（2022），Zhou（2021）。

Abbas（2022）运用 van Dijk 的新闻图式框架，包括宏观结构、超结构和微观结构，分析了来自美国《纽约时报》和中国《环球时报》的两篇新闻报道。研究发现，正面自我和负面他者的表达被用来将大流行病政治化为意识形态利益。研究建议全球合作。

Alpermann 和 Malzer（2023：2）通过对中国国家电视台 CGTN 和新华社在 YouTube 上关于维吾尔族和其他穆斯林少数民族在新疆维吾尔自治区受虐待问题的人权问题的宣传策略进行定量频率和质性内容分析，发现在面向外国公众的宣传中，这些策略呈现多样化和创新，分为更加个性化的发展叙述、将少数民族文化纳入和谐的“中国文明”、美丽的中国和自然话语的文化和历史话语的传承过程，以及通过恐怖主义叙述来获取国际话语权。这项研究在提供 CGTN 在构建中国正面国家形象时所使用的话语策略方面具有启发性，可供当前研究参考并应用于公共卫生事件案例。

Borza（2023：1）运用 van Leeuwen 的“合法性语法”进行研究，调查了中国发言人赵立坚推文中新冠病毒阴谋论的合法化策略，包括对专家、媒体、榜样和一致性的授权；对目标定位的合理化和解释；道德评价；神话创作和漫画；非法性策略，包括授权和对新冠病毒阴谋论的科学合理化。研究得出结论：“（非）合法性的话语策略的说服力取决于诸如协同作用、投影、归属感、通过阻塞器消音、暗示特定情况的一般性以及对因果关系的部分调查等特征”。这项研究在展示中国外交官在社交媒体上的（非）合法性策略方面具有启发性，与当前研究相关。

Caliendo（2022：6）运用批判性话语分析和语料库语言学方法，通过分析政治推文语料库，探讨了在英国脱欧后的欧盟-英国关于 COVID-19 疫苗运动的辩论中的合法性策略。研究显示，欧盟官员通过暗示阿斯利康公司未履行合同，以此作为其所谓的程序缺陷的责任转嫁机制。此外，寻求遵循主导道德原则也被用来转移批评。至于英国，疫苗在初期的成功以及英国将其角色重新包装为“全球”被用以证明脱欧举措的正当性（ibid：13）。

Fan、Pan 和 Sheng（2023）研究了中国四家国有媒体机构（CGTN，新华社，人民日报社，中国日报社）在 2013 年 1 月 23 日至 2020 年 1

月 23 日期间在 Twitter 上的数字战略（如数字营销）和非数字战略（如该品牌、组织变革、内容多样性和数量变化）。研究表明，四个机构中的互动性利用较少，而 CGTN 的报道语气更为批判，自 2017 以来获得了更多的关注和在线观众，可能是通过与国家和政府规定的叙述拉开距离实现的。该研究证明了我们使用 CGTN 的正当性，因为该文的发现表明与其他国有媒体相比，CGTN 的报道更为中立和批判，并通过重新包装掩盖了其与国家的联系。

Hafner 和 Sun（2021）运用框架分析、定位理论和修辞分析，采用互动社会语言学方法，关注新西兰总理 Jacinda Ardern 及其领导团队以及新西兰主流媒体在新西兰新冠大流行期间的新闻发布会和问答环节中或共同商讨和共同建构的言辞策略。研究发现了 Ardern 的多重自我定位以及与病毒、新西兰政府和新西兰人的互动定位。战斗和团队的隐喻框架提供了说服的修辞手段。

Hellmann 和 Oppermann（2022）运用公共外交、战略叙述、视觉形象和国际关系理论，调查了新华社照片对 1 000 名美国成人对 COVID-19 大流行期间的中国公共外交的态度观点的影响。研究表明，照片对中国的国际形象和公共外交有积极作用，但图像受目标读者的政治知识的调节影响。观众拥有的政治知识越多，“他们越有可能识破视觉公共外交的战略性质，从而降低其受预期效果的影响”（ibid：15）。与以往文献仅关注中国或美国主流媒体新闻报道不同，该研究在分析“有针对性的受众对中国国家媒体通过公共外交传达的视觉叙述的反应”（ibid：2）方面具有启示意义，为分析 CGTN 在推广中国国家形象中使用的非言语策略提供了视角。

利用 Fairclough 的文本、话语实践和社会实践的三维分析法，Huan（2023：13）运用批判性话语分析和语料库语言学方法，研究了从 2009 到 2019 年十年间，澳大利亚新闻中关于中国形象的话语。研究总结了五种中国形象：中国作为经济机会、经济威胁、军事威胁、全球和地区麻烦制造者以及红色威胁。研究得出结论，警告称这可能导致出于政治正确的坚持而牺牲澳大利亚的利益的错误政策。

Wu、Turiman 和 Aziz（2022）运用 Halliday 的元功能和 Lakoff 的隐喻分类，研究了 2020 年 1 月 26 日至 2020 年 4 月 5 日期间的《人民日报》中的抗疫新闻报道，利用 AntConc 软件计算词频、进行隐喻关键词分析，研究了反疫情新闻报道中的隐喻运用。研究表明，在五种隐喻中，实体隐喻最多，其次是容器、方向、结构和拟人化隐喻。这些运用主要是为了“增强人们对疫情和反疫情工作特点的理解，从而促进政府的抗疫政策和主张被广泛接受”（ibid：364）。心理机制主要由“认知、理性和情感系统”组成（ibid：364）。

Jia 和 Lu（2021）分析了来自美国主流媒体的报道，包括《纽约时报》《华盛顿邮报》《华尔街日报》和《外交政策》对中国处理 COVID-19的报道，并总结了采用的四种修辞技巧和策略，即命名、指责、责备和驯服。研究得出结论，美国主流媒体“似乎与美国的保守智库勾结，支持特朗普战略推翻和分裂中国”（ibid：8）。

Li、Zhao 和 Lou（2023）运用语料库语言学和 Fairclough 的三维方法，研究了《中国日报》和《纽约时报》50 篇报道中的语言特征、报道动词的语义分布以及在公共事件报道中的报道策略的相似性和差异。研究发现，在两个语料库中，最常使用的报道动词在语义上相似，但在报道策略上，《中国日报》使用更多的言语行为报道动词，较少使用心理报道动词，与《纽约时报》相比。差异归因于记者和新闻机构的确定性程度。由于语料库规模较小且操之过急，结论缺乏可靠性且难以推广。

Meadows、Tang 和 Zou（2022）对中国三家主要的国有媒体（央视、《人民日报》和新华社）在新浪微博上发布的 14 451 篇关于

COVID-19 大流行期间政府合法性管理的帖子进行了语义网络分析。研究发现，在疫情防控期间，信息调整和加强策略比指导性信息得到了更频繁的使用。该研究关注政府合法性管理，但分析仅覆盖了前四个月，时间和数量不够，并且没有涵盖管理效果。

Tao（2021：635）运用话语历史分析法，探讨了中国微博平台上用户针对对方采用的创造性话语策略，包括名字模仿策略、提问反问策略和构造对话。上述背后的两种情感是民族主义以及中国与世界其他地区的二元对立。研究还提到了在审查体制下，微博上主导意见表达的"波动性"。该研究揭示了中国用户在社交网络上的策略。

Wang（2022）结合批判性语篇分析和语料库语言学，研究了中国国家主席习近平和美国总统 Donald Trump 在抗击新冠病毒大流行期间的政治演讲中的合法性策略。研究发现使用了授权、合理化、神话创造和道德评价等策略来为对抗新型冠状病毒大流行的行动辩护。

Yang 和 Wang（2020：34）运用语料库辅助的批判性话语分析，分析了《纽约时报》《卫报》和《泰晤士报》在疫情防控期间对中国的 345 篇新闻报道。通过关键词和搭配分析，研究发现报道构建了一个描述中国采取了无效的防疫措施、疫情使中国陷入瘫痪的话语。负面微型叙事标题和道德训诫标题是常用的话语策略。然而，研究所用的语料库规模较小，分类不够有说服力。

Yu（2022）采用基于语料库的批判性话语分析，运用 Fairclough 的三维方法，包括文本、话语实践和社会实践，研究了中国五家英文媒体（《中国日报》、环球时报、《人民日报》在线、《上海日报》和新华社）在 2020 年 1 月 31 日至 4 月 23 日期间 63 篇（38 4412 字）抗疫话语的建构。研究显示中国五家英文媒体使用了三种主要策略：敌对化、受害化和英雄主义。语言实现包括权威、威胁、历史和比较等论证命题；提名；陈述和隐喻。但该研究的样本太少，不能推广到其他新闻报道，分类太过宽泛和主观，缺乏定量分析。

Zhang、Zhang 和 Blanchard（2022）比较了中国和 76 家俄罗斯国有国际广播公司（CGTN 的 177 个片段和 RT 的 76 个片段）在 2014 关于南海仲裁和乌克兰危机的报道中的消息来源和框架。研究发现，CGTN 依赖中国官方消息源和与中国友好关系的发展中国家作为消息来源，而 RT 则依赖于西方的反主流文化的说话人。至于框架，CGTN 更偏向于和平框架，源于儒家思想，而 RT 则倾向于复苏自苏联宣传风格的冲突框架。这项研究在分析 CGTN 的传播策略方面具有启发性，可以与当前研究进行比较。

Zhou（2021）采用 van Leeuwen（和 Wodak）的话语合法性建构方法，研究了中国中医研究院官方微信账号“中国中医”上关于COVID-19 的 100 篇文章，发现中医对 COVID-19 的治疗采用了两种合法性策略，即合理化和道德评价。这可以进一步分为通过参考中医理论、基于现代科学的合理化，以及通过与道德价值的关联进行的道德化。结论是，作者认为中国中医研究院倾向于回收和延续有关中医历史和理论的简化且误导性的话语，并未认真涉及中医理论与生物医学理论之间的“巨大的认识论和本体论差异”（转引自 Shea，2006：12）。

2.2.2 批判话语研究方法

Chen（2020），Elyas 等（2022），Peng 和 Hu（2022），邓仁华和杨帆（2022），盛芝莹（2022）等基于批判性话语方法进行了 COVID-19 大流行期间的国家形象研究。

Chen（2020）研究了贴在 COVID-19 预防物资箱上的古典中国诗歌在建立捐赠者和受赠者之间的表达联系方面的作用，并发现通过宣称彼此的亏欠来实践互惠，他们促进了国家形象。

Elyas、Aljabri、Mujaddadi、Almohammadi、Oraif、Alrawi、Alshurfa

和 Rasheed（2022：1）利用 van Dijk 的意义、形式和行动的批判性话语分析模型，研究了两家报纸的新闻标题，即西方报纸《今日美国》和沙特报纸《阿尔沙拉克·阿尔瓦塞特》。研究发现，美国政治化了大流行病，并暗示中国是病毒的起源，而阿拉伯报纸的头条新闻显示，沙特阿拉伯责怪前往伊朗的旅行导致了 COVID-19 病例的早期增加，并侧重于预防措施。

Peng 和 Hu（2022）通过使用 CiteSpace 软件的描述性和定量分析，回顾了从 2020 年 1 月至 2022 年 5 月的 355 项关于 COVID-19 的语言研究，并发现语言研究主要集中在 COVID-19 对语言教育、言语病理学和危机传播的影响。该研究建议应采用更多的语言理论，包括概念隐喻理论、批判性话语分析、语用学和基于语料库的分析。

Huan（2023），Li 和 Gao（2023），Li、Zhao 和 Lou（2023），Sun（2022），Yu（2022）基于 Fairclough 的三维方法进行研究。

Li 和 Gao（2023）通过基于语料库的批判性话语分析方法，以 Fairclough 的三维分析中的社会文化实践解释分析为基础，对比研究了中国的《人民日报》《中国日报》和美国的《纽约时报》《华尔街日报》在 COVID-19 流行时期的经济新闻报告中的语义和感情特征。研究表明，中国媒体的报道更为积极乐观，而美国的报道更为消极，这可以归因于三个原因，即文化背景、运营模式和新闻哲学。该研究在使用基于语料库的批判性话语分析方法探索 COVID-19 新闻话语方面具有启发性，但两个语料库的大小不可比较，并且未使用标准频率，导致数据分析缺乏说服力和有效性。

Sun（2022）利用 Fairclough 的三维方法研究了《中国日报》新闻中冬季奥运会报道中的言语动词 *say* 的话语主体，并发现中国和国际社会对冬季运动表现出极大的热情。该研究存在许多弱点，内容分析过于脆弱，不能推广。

2.2.3 基于语料库的研究方法

Du 和 Chen（2022），Huan（2023），Lv 和 Li（2021），Li 和 Gao（2023），Li、Zhao 和 Lou（2023），Liu（2020），Liu、Ang、Waheed 和 Kasim（2022），Yang 和 Wang（2020），Yu、Tay 和 Yue（2023），Yu（2022），Zhang（2022），Zhang 和 Cheung（2022）采用基于语料库的方法。

Du 和 Chen（2022：397）运用 Lakoff 和 Johnson 的概念隐喻理论，比较了新浪和 CNN 新闻报道中的隐喻。研究发现两家新闻媒体共享了战争、灾难、游戏和测试等常见的隐喻，但新浪新闻使用了更多的灾难、游戏和测试隐喻，而 CNN 媒体中仅出现了火灾隐喻。结论是隐喻已经成为中国和美国媒体表达政治观点和态度的载体。然而，该研究的语料库规模相对较小，结论不能推广。此外，解释过于主观，没有定量证据。

Liu（2020：1393）采用基于语料库的批判话语分析和图像理论，探讨了中国国防部在新浪微博上的国家形象建设，分析了 2 947 条微博，共 170 818 字。研究发现中国国防部通过微博传递了一种“自信、和平且亲切的国家形象”。

Liu、Ang、Waheed 和 Kasim（2022：1600）回顾了 2011 至 2021 年间关于评价理论（AT）在翻译中应用的 27 篇文章，研究了这些文章的体裁、研究重点、方法等。研究发现这方面的文章数量和体裁仍然有限，缺乏混合方法和基于语料库的研究，认知过程和培训仍然被忽视，而主观的分类和编码仍然是一个问题，语料库的大小有限，仅包括 27 篇文章。

Zhang（2022：1）采用确证性理论，使用基于语料库的方法，研究了从 2020 年 1 月 1 日至 6 月 14 日期间，中国在美国、加拿大、英国和澳大利亚新闻媒体中的国家形象建构。研究发现媒体展示了一个“关切—担忧—污名化—抛弃”的动态过程，以及“西方媒体通过主观报道、客观但负面的媒体话语和‘双重标准’”构建了中国的国家形象。研究的局限性在于有效性，因为它没有提到共现的跨度，以及搭配的对数似然或互信息。此外，结论基于主观说明过于仓促。

借鉴话语新闻价值分析（DNVA）框架，Zhang 和 Cheung（2022：294）使用语料库辅助关键性分析，对《中国日报》（*CD*）和《华尔街日报》（*WSJ*）1 009 篇文章（总词数为 617 276 字）进行了对比的历时研究。研究发现二者在历时和跨文化方面存在相似性和差异。《中国日报》和《华尔街日报》都优先考虑“影响力”“卓越性”“亲近性”和“精英性”等新闻价值观。《中国日报》更加注重积极性，已经“摆脱了政府角色构建精英性，并采用了更国际化的视角”（ibid：295），而《华尔街日报》则优先考虑经济影响和与读者的相关性，并更频繁地强调政府角色。该研究启发人心，通过使用关键词模式进行对比分析，深入研究了中国和美国报纸报道主题的历时变化，其主要发现有助于阐明当前研究。

2.2.4 叙事研究方法

Bai（2020），Han（2020），Ji（2020），Jing 和 Ahn（2021），以及 Zhang 和 Zhao（2020）进行了基于叙事方法的研究。

Bai（2020：577）基于互文性调查了 94 个弦故事视频中蒙古口头艺术与公共卫生信息的融合，以激发蒙古身份，研究发现它们是表达蒙古人居住的世界的多元感的媒介，以及构建和重申他们多层次身份的一种方式。

Han（2020：1）利用符号学和生活政治的概念，研究了一则广告中抗击 COVID-19 的口罩叙事，并发现它有效地帮助中国防止了流行病在全国范围内的传播，并且已成为集体心理治疗的一种方式。

Ji（2020：1）运用技术-道德调解的概念，研究了中国三则抗疫宣传视频中关于戴口罩的道德观，并总结了三个叙事框架，即将人们对家庭的小爱与对中华民族的博爱联系起来；将个体转变为“人人都是监督员”大群体的一员。研究发现，这些结果是口罩佩戴的道德化与中国传统价值观、社会机构和媒体新闻直播间有关灾难报道的文化之间的共同作用的结果。

基于COVID-19大流行的叙事框架，Jing和Ahn（2021：1）通过计算方法的组合，探讨了民主党和共和党在不同语境、框架、角色关系和语义角色分析中的政治推文。研究表明，民主党更关注大流行病、财政和社会支持，而共和党更关注其他政治实体，如中国。自动框架分析显示，民主党强调政府在应对大流行病中的作用，而共和党强调个体的角色和对小企业的支持。通过语义角色分析发现，通过使用代词“我们”和“他们”，实现了成员分类。

Zhang和Zhao（2020：553）通过叙事和立场采取理论，研究了六个中国籍侨民YouTube小网红在六个国家的26个视频，讲述了他们在COVID-19大流行期间的个人经历。研究发现，这些视频博主展示了普适的和特定文化的情感，并邀请观众共同构建情感体验。

2.3 话语历史分析法（DHA）相关研究

2.3.1 DHA国外相关研究

Liu、Zhao和Ngai（2022），Lv和Li（2021），Tao（2021），Yang和Chen（2021），Yu、Tay和Yue（2023），Zhang、Liu和Zhang（2022），胡元江和李艳（2023），张鹏和侯福莉（2023）等从话语历史

分析法（DHA）的角度进行研究。

利用语料分析方法与批判性语篇分析（CDA）的话语历史分析法（DHA），Liu、Zhao 和 Ngai（2022：14）研究了三家报纸《中国日报》（*CD*）、《纽约时报》（*NYT*）和《南华早报》（*SCMP*）关于 COVID-19 疫苗安全性和有效性的话语主题、话语策略以及语言手段和实现。研究发现，《中国日报》更倾向于采取全球主义的方式，构建了有关 COVID-19 疫苗安全性和有效性的最积极的画面；《纽约时报》更倾向于采取民族主义的方式，将其主要兴趣限制在美国疫苗上；而《南华早报》突出了对疫苗的本地关切以及全球权威信息，并构建了有关 COVID-19 疫苗安全性和有效性的最负面的画面。

Lv 和 Li（2021）运用语料库辅助的话语历史分析法（DHA），通过关键性和索引行分析，研究了 COVID-19 暴发后《纽约时报》对中国形象的建构，发现《纽约时报》采用了提名、陈述和视角化的话语策略，构建了中国主要的负面形象，主要归因于不同的政治立场和社会体系价值观的不同。该研究结合了语料库方法和 DHA 理论框架，具有启发性。

Tao（2021：635）运用话语历史分析法（DHA）探讨了中国微博服务中最受欢迎的社交微博服务之一新浪微博上的中国用户针对对方使用的创造性话语策略，包括姓名模仿策略、发问反问和构造性对话。上述两种情感背后是民族主义和中国与世界其他地方的二元对立。该研究还指出了“微博上主导舆论表达的不稳定性”。该研究揭示了中国用户在审查体制下在社交网络上采用的策略。

Yang 和 Chen（2021）运用批判性话语分析和语料库语言学的话语历史分析法（DHA），研究了中国 COVID-19 期间五家新闻媒体的新闻报道中的全球主义和民族主义。研究发现，在国家身份的话语建构中，积极的自我和负面的他者共存。分析并不十分具有说服力，因为它在一开始并未界定民族主义和全球主义，并且积极的自我是否等同于民族主义是存疑的。它也没有提供西方媒体新闻报道的比较分析。

Yu、Tay 和 Yue（2023）运用语料库辅助的批判性话语分析，通过搭配和索引行分析，研究了新华社 8 895 篇关于中国在疫情防控期间的英文新闻报道（2 897 699 字）中的语义韵，并通过话语历史分析法（DHA）中的话语策略分析索引行结果。研究发现中国的三种表征为受害者、斗士和合作/支持国。该研究在分析框架和方法上与现在的研究有很大的不同。此外，用于定性分析的样本不够大且存在一些重叠。例如，“中国援助其他国家”和“中国强调合作”等话语的语义韵可能存在一些重叠。

Zhang、Liu 和 Zhang（2022）运用 Reisigl 和 Wodak 的话语历史分析法（DHA）、多模态视角以及 van Leeuwen 的视觉社会行为者网络，研究了中国官方新闻媒体《人民日报》在 TikTok 上使用参考、陈述、论证、视角化以及强化/缓和等话语策略来构建集体身份。通过定量和定性分析，研究发现其构建了正面/负面的自我和他人身份，视觉-听觉的整体可以用来强化或缓和语言资源，引起观众的情感共鸣。

2.3.1 DHA 国内相关研究

国内对 DHA 的研究从早期的引介（如辛斌，1996，2017；黄国文，徐珺，2006；田海龙，2008；赵林静，2009；尤泽顺，陈建平，2010；张德禄，2011；季丽珺 2013；项蕴华，2013；杨敏，符小丽，2018a）到后来的应用研究，使用了不同的术语，如话语历史（分析）法、语篇-历史视角、话语历史分析、历史语篇分析等。应用研究主要集中于新闻媒体报道和政治演讲语篇（季丽珺，2013；李菁菁，2017；杨漪漪，2017；杨敏，符小丽，2018b；刘敏，2021；王磊，周乔，2021；张樾，2022；曾蕊蕊，2023），涉及的主题包括中美中欧的经济（董丹，

2018；康笑聪，2019；常志红，2020；李蕊秀，2020；李玲，2022；杨璨，2023）和冲突（杨敏，侍怡君，2021；张鹏，侯福莉，2023；胡元江，李艳，2023），国家形象的建构（季丽珺，2013；张睿，常红宁，2021；张艺琳，2021；包伟玲，2022），外语教育（张玮伦，2021）等方面。

季丽珺（2013）运用DHA框架分析了《华盛顿邮报》中一篇抹黑中国的气候报道使用的五类话语策略，构建了不负责任、霸道、专制滥用人权、爱挑衅的“危险”大国的形象。

杨敏和符小丽（2018b）应用DHA框架中的命名、述谓和视角化策略，结合语料库研究方法，分析了希拉里“邮件门”的媒体话语建构从群外到群内，态度由消极到积极的转变，体现了媒体为政治精英背书的意识形态和价值立场。

李菁菁（2017）利用DHA的分析框架的前两步，通过研究挪威时任首相埃尔娜·索尔贝格在第70、71届联合国大会一般性辩论中的演讲主题的话语互文性分析，总结出其所构建的挪威的国家意识形态关键词：人权问题和可持续发展，构建了挪威重视人权问题、走可持续发展道路的西方发达国家形象。

杨漪漪（2017）运用DHA分析框架，从主题内容、语言形式和话语策略分析了日本前首相安倍晋三的十次施政演讲。研究发现，演讲内容集中在朝鲜导弹发射与核试验、朝鲜绑架日本人质和日本对朝政策具体走向。关键词包括绑架问题、核试验、导弹问题和对话与施压。话语策略中的指称策略将政府划归到受害者一方，博取民众的支持，同时，辩论策略中的威胁论式得到使用。

董丹（2018）采用DHA中的主题分析和话语策略及功能分析，探讨了意大利主流媒体对“一带一路”倡议的新闻报道，从所指或提名策略中的内群体和外群体、谓语的指示策略中的肯定积极评价词语、论辩策略中的有用/有利和数字论式、话语再现策略中的引用政要和专家、强化和弱化策略中的情态词五个方面分析。研究发现，其中经济方面的报道基本积极、正面，政治方面则包含忧虑，认为“一带一路”倡议能够提振意大利经济发展，是中国地缘政治博弈的新战略。

杨敏和侍怡君（2021）运用 DHA 分析框架，分析了特朗普政府对话贸易战的合法化策略，从主题、互文性分析和话语策略三个方面研究。研究发现，主题词主要涉及贸易、贸易战和态度；互文性包括重复态度词汇、引用政策法规等，强化自身合法性地位；命名策略中的“己方”和“敌方”的划分、述谓策略中的积极的美方和消极的中方的评价词汇和辩论策略中的威胁、有用/有利、无用/无利、数字、责任等命题，构建了美方被威胁的受害者和中方威胁的形象。

王磊和周乔（2021）以特朗普涉及能源的 8 篇演讲为对象，运用 DHA 理论分析其中的主题和三类话语策略。研究发现，特朗普演讲的能源话语将“能源独立”升级为“能源主导”，提倡复兴传统能源。同时，使用“有用/有利”“事实”的论辩策略、“对比”“隐喻”的述谓策略和“肯定煤炭对经济的贡献”强化和“回避环保”的弱化策略，以此构建有利于合理化其决策的能源话语。

张鹏和侯福莉（2023）考察《华盛顿邮报》中对华为报道中使用的命名策略、述谓策略和论辩策略，通过 *we*、*our* 用法从华为的自我指到他指的历时变化，华为的搭配词和修饰词从积极到消极的变化，及数字、威胁论辩论题的使用，总结出华为被刻画为新兴的科技巨头、“激进的”行业竞争者、国有/国控的“傀儡”、巨大威胁四类形象，这些企业形象大多具有消极性或带有偏见。

张睿和常红宁（2021）研究了 2019 年“总理答记者问”口译话语中所指策略和述谓策略作为手段在话语主题中使用，实现国家形象自塑。研究发现，在中国经济、民生和对外关系中，自我指称词 *we*、*government* 和 *China* 具有评价意义的情态词，如高情态值的 *must* 和中情态

值的 *will* 和 *should* 的使用，彰显了负责任政府关爱民众的形象。

曾蕊蕊（2023）运用 DHA 分析框架并结合语料库语言学研究方法，分析 2020-2022 年新冠疫情防控期间习近平主席发表的 46 篇对外讲话的主题、互文性、话语策略及社会历史语境分析。研究发现，习近平主席使用命名策略中的自我指称“我们”，建构同世界的集体身份认同和人类命运共同体；采用述谓策略中的积极肯定的评价词汇描述“我们”和“中国”在抗疫中的全球贡献，树立正面负责任的大国形象；使用辩论策略中的数字和客观事实，强调中国做出的客观真实的贡献。

胡元江和李艳（2023）采用 DHA 的理论框架，研究了中美主流报纸《人民日报》《人民网》英文版和《华尔街日报》《纽约时报》中 2018 年 3 月 22 日至 2019 年 6 月 29 日的有关中美贸易摩擦的各 375 和 154 篇报道。研究发现，双方述谓策略均使用负面评价性语言，辩论策略均使用危险和威胁辩题，而中国还使用责任辩题；视角化策略均引用高级官员、经济专家话语，但中国直接引语比例更高，美国则间接引语比例更高，中国被引用者的身份清晰，美国还引用了匿名人士话语。这些异同体现双方不同的政治立场和意识形态。

综上所述，前人对公共卫生事件的研究多以新闻语篇所构建的国家形象为主，考察其中的话语策略，方法集中在批判话语研究、基于语料库的研究及叙事研究方法。对话语历史分析法（DHA）的研究集中于新闻媒体、社交网络平台，如新浪微博、Facebook 等，研究方法也以批判话语研究、语料库研究为主。国内对 DHA 的研究起步较晚，关注尚不够充分。从研究层次看，既有理论研究，也有应用研究，以后者为主。从研究内容看，既有政治语篇，如政治演讲，也有经济语篇，如能源公司身份构建、环保话语、贸易冲突。研究步骤主要以应用 DHA 的三个分析步骤，即主题和内容、互文性分析和话语策略为主。

2.4 有关本研究

本研究试图回答四个问题：第一，公共卫生广播新闻语料库中间接引语的时态分布特征是什么？第二，间接引语中介入资源的分布特征及与时态的共现特征如何？第三，间接引语中被报道者身份的分布特征及与时态和介入资源的共现特征如何？第四，话语历史分析视角下语料库使用的主题，其中的互文性和话语策略有哪些？

本章对国内外有关国家形象、全球公共卫生事件及话语历史分析法（DHA）的研究作了简要的回顾与综述。本研究试图采用自建公共卫生广播新闻语料库，采用话语历史分析法，对广播新闻中国家形象的构建作一较为系统的研究。下一章将介绍本研究的理论基础及分析框架。

3 理论基础与分析框架

本文所用理论有引语的双重参照点模型、评价理论中的介入系统、被报道者角色分析和话语历史分析法，用以研究间接引语中国家形象的构建。本文运用引语的双重参照点模型，对间接引语中报道动词和从句动词的时态进行分类，以采用 DHA 分析框架分析述谓策略。评价理论的介入系统则用于解释间接引语时态的人际构建功能，以采用 DHA 分析述谓策略。被报道者角色分析用以归类消息来源，利于后续 DHA 分析命名/指称策略和视角化策略。在上述三个分类的基础上，采用 DHA 分析框架总体分析中国国家形象的构建。在以上四种理论的基础上，本章建立本文的四维分析框架，分为：时态分布特征、介入系统、被报道者角色分析和话语历史分析法。

3.1 引语的双重参照点模型及其发展

间接引语中从句动词的时态使用问题经历了不同的发展阶段。

最初，Rigter（1982：96）从功能真值角度，提出了意图域（intensional domain）的概念，指具有“自己的前提和真值条件集合，可以通过这些条件来评估和解释命题的解释域”。

Comrie（1986：285）指出英语中的“时态序列”（sequence of tenses，SOT）原则能用来解释，即“如果报道动词的时态是非过去时，保留原言语（utterance）的时态；如果报道动词的时态是过去时，那么原言语的时态就会逆移（backshifted）到过去时，但是，如果间接引语的内容具有持续适用性，则逆移是可选的。”。

但时间序列并不能解决间接引语报道从句中的所有的时态问题。鉴于此，Declerck（1988）并不认同 Comrie 的发现，提出了现在时间域（present time sphere）和过去时间域（past time sphere）概念。认为根据是否与言语时刻直接相关，时态分为绝对时态（absolute tenses）和相对时态（relative tenses）。前者包括“前现在部分（pre-present）”的现在完成时、“现在部分”的现在时、“后现在部分”的将来时以及完全位于言语时刻之前（即不包括言语时刻的时间）的一般过去时（preterite）。相对时态（relative tenses），将情境与另一情境相关联，而不是与言语时刻相关联，不建立一个时间域，而是将其情境合并到已经存在的时间域中。并提出两个原则以解释间接引语时态使用问题：

原则 A：在间接引语中，报道从句原则上可以使用绝对时态或相对时态。也就是说，报道从句的情境既可以转移时间域（即建立一个新时间域），也可以并入主句所指的时间域。

原则 B：如果两个分句指的相同的时间域，那么在报道从句中使用相对时态是无标记用法。在这种情况下，总是可以使用相对时态。

Vandelanotte（2005）在 Declerck 的绝对和相对时间域概念的基础上进行了扩展，引入了被报道者参照点（t_0 of represented speaker，$t_{0(RS)}$），区分了绝对时和真正绝对时两个概念。至此，引语的双重参照点模型得以建立。Davidse 和 Vandelanotte（2011）在上述研究的基础上进行深化，从话语功能角度定义了意图域（intensional domain），将表示行为和包括其所有前提在内的命题内容都归属于被报道说话人或表征说话人

(represented speaker)，而不是实际说话人（actual speaker），即间接引语中绝对或相对地构建的时态必须包含被报道说话人的指示中心。而在间接引语中的相对过去时中，主句所描述的过去话语事件并不是报道话语中相对过去时的参考点，而是主句所激活的替代场转换到过去时间指向。

本研究将采用 Davidse 和 Vandelanotte（2011）对时态的分类标准，建立 CGTN 公共卫生广播新闻语料库中间接引语的时态分类体系。具体介绍如下。

Davidse 和 Vandelanotte（2011：243）认为，传统的“逆移”的概念，指的是将直接引语中绝对时态引向间接引语中相对时态的机制，包含了现在时态的被报道说话人的时间零点 $t_{0(RS)}$ 到过去时态的被报道说话人的时间零点 $t_{0(RS)}$。这反映了间接报道话语对过去时报道主句的指示依赖性，但并不影响替代场继续作为可解释性的参照点继续存在。只不过句中的替代场经历了向过去时间指向的转变。这对我们理解意图绝对时和意图相对时非常关键。

意图相对时的定义：从替代的 $t_{0(RS)}$ 到过去时间指向，是从直接引语的意图绝对时到意图相对时的转换机制，如例（1）和例（2）所示。

（1）At one point, John said, “I am suffering from a cold and am about to lose my voice.”

（2）At one point, John said that he was suffering from a cold and was about to lose his voice.（根据 Davidse and Vandelanotte，2011：243）

例（1）中，直接引语中报道话语 *am suffering* 和 *am about to* 的原有的时态参照点是替代场中的被报道说话人 *John* 的时间零点 $t_{0(RS)}$。与间接引语中被报道话语对过去时报道主句指称依赖性相一致，原有的 $t_{0(RS)}$ 转换到报道动词 *said* 建立的过去时间域。作为过去参照点，逆移的 $t_{0(RS)}$ 允许使用表达过去时间域内时间关系的体系。但是依旧是作为

由被报道说话人 *John* 命题内容和表达意图组成的意图域的参照点。$t_{0(RS)}$转换到过去时间参照点，记为 $t_{0(RS)}\leftarrow$，正是 $t_{0(RS)}\leftarrow$约束了被报道话语的相对时态，即 *was suffering* 和 *was about to* 为相对于逆移到过去时后的 $t_{0(RS)}$而言的。

图 3.1 显示，$t_{0(RS)}$与报道主句过去时态 *said* 的共时性，在意图域内转换为过去时间指向的 $t_{0(RS)}$，以及相对时态 *was suffering* 和 *was about to* 与 $t_{0(RS)}\leftarrow$相关的方式。由于逆移的 $t_{0(RS)}$，逆移的相对时态是过去时间指向，因此把它们称为意图相对时。

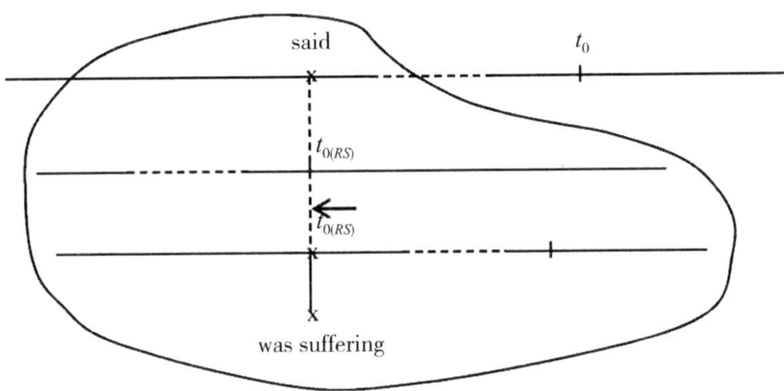

图 3.1　间接引语中的相对时态（根据 Davidse and Vandelanotte，2011：245）

意图绝对时的定义：以被报道说话人的时间零点 $t_{0(RS)}$为参照点的时态为意图绝对时。包括先于 $t_{0(RS)}$的意图绝对过去时、意图现在完成时，与 $t_{0(RS)}$同时的意图绝对现在时和后于 $t_{0(RS)}$的意图现在将来时。如例（3）和例（4）：

（3）The Commerce Department said，“Factory orders fell by 1.7 percent，reflecting the weaker demand brought on by the recession.”（CB，修改自 Davidse and Vandelanotte，2011：247）

（4）The Commerce Department said that factory orders fell by 1.7 percent, reflecting the weaker demand brought on by the recession.（CB，根据 Davidse and Vandelanotte，2011：247）

例（3）中，直接引语中的参照时间为报道说话人的时间零点 $t_{0(RS)}$，因此其为意图绝对过去时。在转换为间接引语时，因为语境线索使得 *fell* 不能解释作以逆移到过去时的 $t_{0(RS)}$ 为参照点，否则 *fell* 的动作将与 *said* 同时发生，这与事实不符，因此 *fell* 只能解释为相对于 $t_{0(RS)}$ 的绝对过去时。

参照郁伟伟（2021：33）的定义，意图绝对相对时指“既具备了参照被报道者参照点 $t_{0(RS)}$ 的意图绝对时的特征，又具备了参照逆移后的被报道者参照点 $t_{0(RS)}$ 的意图相对时的特征，指截止到与被报道者参照点 $t_{0(RS)}$ 相关的将来的某个时间之前，情景已经完成，时态实现形式为意图将来完成时”。

真正绝对时的定义：Davidse 和 Vandelanotte（2011：247-248）认为，当被报道的话语是“与事实有关的”，由真正说话人操纵。即由真正说话人假定为真的，与事实有关的被报道话语，而同时准许“时态序列”，经常用绝对时态。真正绝对时包括先于真正说话人参照点 t_0 的真正绝对过去时、真正现在完成时，截止到真正说话人参照点 t_0，命题内容依然为真的真正绝对现在时，和在真正说话人参照点 t_0 之后依然为真的真正现在将来时。如例（5）：

（5）No, he hadn't heard of benzene. He didn't know that it is a potent carcinogen.（CB，根据 Davidse and Vandelanotte，2011：248）

在例（5）中，命题直接与真实说话人真正的 t_0 直接相关。简言之，真正绝对时报道话语的参照点为真实说话人参照点 t_0，因为真实说话人对他们的命题内容真实性负责。

参照郁伟伟（2021：34）的定义，真正相对时的定义：指以逆移后的真实说话人的参照点 t_0 为参照点的相对时态，时态实现形式为真正过去将来时。真正绝对相对时定义：指截止到与真实说话人的参照点 t_0 相关的将来的某个时间之前，情景已经完成，时态实现形式为真正将来完成时。

3.2 评价理论的介入系统

本研究的理论基础之一为 Martin 和 White（2005：7）创建的评价理论（appraisal theory），主要应用其中的介入系统，分析 CGTN 广播新闻语料库中间接引语中报道者、被报道者和潜在观众之间的人际互动。评价理论是在“系统功能语言学（SFL）的一般理论框架内发展起来的”，主要关注人际功能。接下来，我们将简单介绍评价理论的三个次级子系统，并详细介绍介入系统及其子系统。

根据 Martin 和 White（2005），评价是构建人际意义的三个主要语篇语义资源之一。评价本身被分为三个互动的领域：态度（attitude）、介入（engagement）和级差（graduation）。

Martin 和 White（2005：35）对态度（attitude）定义如下：“与我们的感受有关，包括情感反应、对行为的判断和对事物的评价”，指“心理受到影响后对人类行为，文本/过程及现象做出的裁决和鉴赏”（王振华、马玉蕾，2007：20）。态度本身分为三个感受领域，分别是情感（affect）、判断（judgment）和鉴赏（appreciation）。“情感处理构建情感反应的资源；判断涉及评估行为的资源，根据各种规范原则进行评估；鉴赏关注构建事物价值的资源，包括自然现象和符号化（无论是作为产物还是过程）”（ibid：34-35）。

介入（engagement）根据是否指代多语，分为单声（monogloss，或自言）和多声（heterogloss，或借言），处理有关如何引述态度以及在话语中关于观点的声音互动的问题，指“使作者声音位于并融入多语的所有言语，且为作者立场和在当前交际语境中起作用的其他立场提供手段”（ibid：94）。总体而言，介入涉及资源如投射（projection）、情态（modality）、极性（polarity）、让步（concession）和各种评论副词（comment adverbials），这些资源定位了说话者/写作者与正在提出的价值立场以及对该价值立场的潜在回应的方式，通过引述（quote）或转述（report）、承认可能性（acknowledge a possibility）、否定（deny）、反对（counter）、肯定（affirm）等方式（ibid：36）。

级差（graduation）指态度的增衰，关注分级现象，其中感受被放大，类别变得模糊。级差关注的是可分级性。对于态度来说，由于资源本质上是可分级的，层次涉及调整评价的程度：情感的强度或弱度（ibid：37）。“情感的上扬和下降叫‘语势’（force）。对人或物等不可分级范畴的‘清晰’（sharpening）或‘模糊’（softening）描述叫‘聚焦’（focus）”（王振华、马玉蕾，2007：20）。评价系统具体构成如图 3.2 所示。

本研究将主要应用评价理论中的介入系统，因此接下来详细介绍介入系统。

评价理论的介入系统受到 Bakhtin/Voloshinov 对话主义和互文理论的广泛影响，所有的书面或口头交流都是“对话的”，因为说话或写作总是揭示出在某种程度上受到了以前说过/写过的内容的影响，参考了它，或者以某种方式引用了它，并同时预期实际、潜在或想象中的读者/听众的回应（ibid：92）。对于介入系统而言，说话者/写作者在表达自身观点和态度时采取一种语言资源，对待文本中所引用的价值立场及他们所面向的对象（如潜在读者，putative readers/addressees）（ibid：92）。

介入系统提供了手段，使得作者的声音通过多语和在当前交际环境

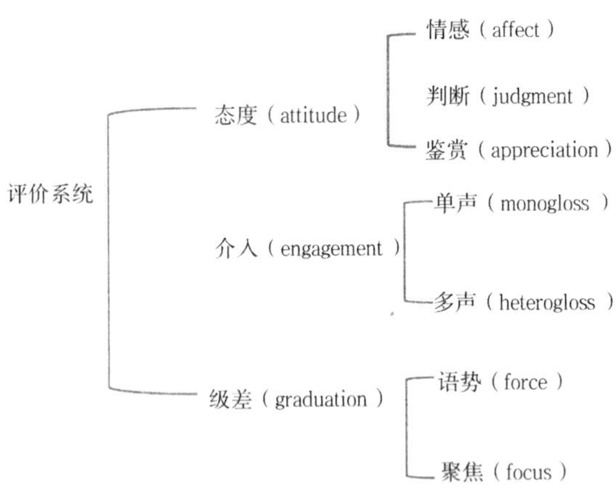

图 3.2 评价系统（根据 Martin & White 2005, p. 38）

中被构建为参与的其他立场，得以定位和互动（ibid：94）。在意义生成过程中，说话者/写作者与文本引用的各种价值立场以及因此与社会构建的共享态度和信仰的社群之间进行协商关系。通过介入资源的使用，呈现说话者/写作者，将虚拟读者“写入文本”（write the reader into the text）（ibid：95）。

介入系统中的多声分为对话收缩（dialogic contraction）资源和对话扩展（dialogic expansion）资源。对话收缩，即收缩对话空间，挑战、避开或限制这些其他立场的范围，包括否认（disclaim）和公告（proclaim）。例如，报道动词 *prove*、*find* 和 *point out*。对话扩展，即扩展潜在的对话空间，话语积极为对话性的其他立场和声音作出让步，包括接纳（entertain）和归属（attribute）。例如，表示疏远的 *claim* 和 *it's rumored that*。接下来，我们将详细介绍各子系统的定义和分类。

否认（disclaim）指文本的声音将自己定位为不一致于或拒绝某些相反的立场。否认包括替代、取代或反驳当前命题的表述，代表本应在其位置出现的命题。否认包括否定（deny）和反对（counter）。否定

(deny)：否定是引入对话中其他积极立场的资源，因此承认潜在的相反的观点或立场的存在，然后拒绝和否定它。例如，*not*、*no*、*didn't never*。反对（counter)：也称作让步或反预期，引入一个相反的立场，然后不再坚持。通常，通过诸如 *although*、*however*、*amazingly*、*yet* 和 *but* 等连接词传达。像 *even*、*only*、*just* 和 *still* 这样的附加语也具有反预期含义。

公告（proclaim）通过将命题表示为高度可证明的（令人信服的、有效的、合理的、有充分根据的、普遍同意的、可靠的等)，文本的声音将自己对立于、抑制或排除其他立场。公告包括同意（concur)、宣告（pronounce）和背书（endorse)。同意（concur）类别涉及那些公开宣布发话者同意或具有与某个预期对话伙伴相同的知识的表达方式。例如，*not surprisingly*、*certainly*、*naturally*、*of course*、*obviously*、*admittedly* 等，此外还包括多种反问句。宣告（pronounce）涵盖涉及作者强调、明确的作者干预或插入的表述。可分为明显主观化、明显客观化、暗含的主观化和暗含的客观化。例如，明显主观化的，*I contend*、*it is absolutely clear to me that*、*we have to remember that*、*we can only conclude that*、*you must agree that*、*there can be no doubt that*；明显客观化的，*the facts of the matter are that*、*the truth of the matter is*；暗含的主观化的，在口语中，适当放置的重音（例如，*IS*、*IT WAS*、*NOT*）等；以及暗含的客观化，具有从属范围的强调副词，如 *really*、*indeed* 等。背书（endorse）指的是通过这些表述，作者的声音将源于外部消息源的命题构建为正确的、有效的、不可否认的或以其他方式最大程度可证明的。例如，*X has demonstrated that*、*As X has shown* 等。通过使用描绘某些符号行为，为说话者/写作者提供假设此可证明性的基础的动词过程（或它们的名词化形式)，间接实现了这种构建。相关的动词包括 *show*、*prove*、*demonstrate*、*find* 和 *point out*。在这里，内部声音承担了命题的责任，或者至少通过赞同外部声音，与引用的外部来源共同分担了责任。问题涉及的主观性是多方面的——既有外部来源的主观性，也有内在作者的声音。关键是，正是内在作者的声音在修辞学上发挥了重要作用，通过介入意义生成来将命题构建为被证明、被显示、被演示等。同时，背书的功能是通过说话者/写作者对命题的判断将任何这类其他立场排除在正在进行的对话之外，将其判断为最大程度可证明的。

接纳（entertain）通过明确将命题呈现为基于其自身的偶然、个体主观性，作者的声音将命题表示为一系列可能立场之一，因此它接纳或激发这些对话性的其他表述。接纳呈现说话者/写作者的内在声音作为信息源，例如，情态助动词（*may*、*might*、*could*、*must* 等）；情态副词（*perhaps*、*probably*、*definitely* 等）；情态属性（*it's possible that*、*it's likely that* 等）；类似 *in my view* 的情境；通过某些心理动词/属性的投射（*I suspect that*、*I think*、*I believe*、*I'm convinced that*、*I doubt* 等）；基于证据/外观的假设（*I suspect that*、*I think*、*I believe*、*I'm convinced that*、*I doubt*）；某些类型的“修辞性”或“阐释性”问题（不假设特定回应，而是用于引出某个命题可能成立的可能性）。

归属（attribute）通过将命题表示为植根于外部声音的主观性，文本的语态将命题表示为一系列可能立场之一，因此它接受或引用多语。归属可进一步分为承认（acknowledge）疏远（distance）。承认（acknowledge）指没有明显的立场或价值判断的情形，承认资源允许写作者保持在与对齐（alignment）和偏离（disalignment）的任何关系中都保持超然，向读者呈现出一种“相对无人称的”（impersonalized）或“中立”（impartial）的场景。使用诸如 *say*、*report*、*state*、*declare*、*announce* 和 *think* 等转述动词；沟通过程动词或引用思维过程的动词，如 *believe* 和 *suspect*；该类别还包括涉及这些过程的相应名词化形式的表述，以及诸如 *according to* 和 *in X's view* 等各种副词状语；某些外部声音。例如，*X said*、*X believes*、*according to X*、*Halliday argues that*、*many Australians believe that*、*it's said that*、*the report states*。疏远（distance）使得作者的声音疏远外部的声音。例如，*X claims that*, *it's rumored that*。介入系统如图 3.3。

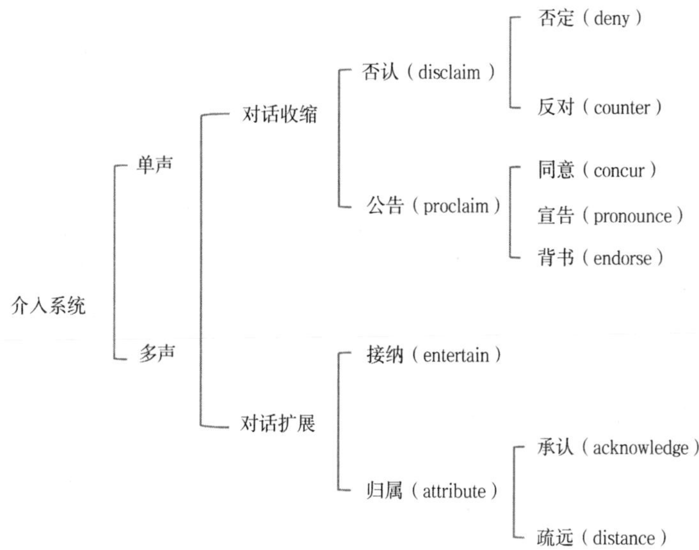

图 3.3 介入系统（根据 Martin and White，2005：134）

本研究将利用评价理论中的介入系统，对 CGTN 公共卫生广播新闻语料库中间接引语中的介入资源进行标注和分类，考察报道者、被报道者和潜在观众三者之间的人际协商，及其与时态和报道者角色之间的共现关系。揭示报道者通过介入资源所构建的报道者和被报道者的态度立场，如何与潜在读者进行协商，以将其写入文本。

3.3 被报道者角色分析

在分析被报道者角色时，本研究将借鉴 Bednarek 和 Caple（2012，2014，2017）“话语新闻价值分析”（Discursive News Values Analysis，DNVA）分析框架中的 Eliteness、Personalization 及 Proximity，并参考 Yu 和 Liu（2023）在 DNVA 基础上修改过的，用以分析《纽约时报》和《中国日报》中有关中国 COVID-19 疫情的报道的分析框架。下文将首先简介 DNVA 框架、Yu 和 Liu（2023）的 COVID-19 疫情文体的特定分析框架。

在“话语新闻价值分析”（DNVA）框架中，Bednarek 和 Caple（2017：49）认为新闻价值是由话语（即使用中的符号资源）构建的。媒体通过话语使事件变得有新闻价值，新闻价值被认为是“演员、事件和问题的在话语中存在和构建的‘有新闻价值’的方面”（Bednarek and Caple，2014：137）。在广为接受的新闻价值基础上，从话语视角出发，给出了 11 条新闻价值的定义。

审美吸引力（Aesthetic Appeal）：该事件在表述中被构建为美丽的（仅限视觉）。

共鸣（Consonance）：该事件在表述中被构建为（立体声）典型的（仅限于新闻角色、社会团体、组织或国家/民族）。

精英性（Eliteness）：该事件在表述中被构建为高地位或名声的（包括但不限于参与其中的人物、国家或机构）。

影响力（Impact）：该事件在表述中被构建为具有重大影响或后果的（不一定限于对目标观众的影响）。

消极性（Negativity）：该事件在表述中被构建为负面的，例如，作为灾难、冲突、争议或犯罪行为。

个人化（Personalization）：该事件在表述中被构建为具有个人或“人性化”面貌的（涉及非精英角色，包括目击者）。

积极性（Positivity）：该事件在表述中被构建为积极的，例如，作为科学突破或英勇行为。

亲近性（Proximity）：该事件在表述中被构建为地理或文化上的接近（相对于发布位置/目标观众）。

最高性（Superlativeness）：该事件在表述中被构建为具有高强度或大范围/规模。

及时性（Timeliness）：该事件在表述中被构建为与发布日期相关的及时性，如新的、最近的、正在进行的、即将发生的，或与当前情况/时间相关的其他内容。

意外性（Unexpectedness）：该事件在表述中被构建为意外的，例如，作为不寻常、奇怪、罕见的事情。

（Bednarek and Caple，2014：55）

Bednarek 和 Caple（2017：58-62）进一步对各新闻价值进行概念化。接下来我们仅介绍本研究所用的三类，分别为：精英性、个人化和亲近性。

精英性（Eliteness），“与人类和非人类实体相关，并包含各种可能在表述中被构建为精英性的类型：地位、专业知识、权威、名人、名声或明星”。他们认为，精英性是“可量化的，并且依赖于目标观众”。精英性“可以源自职业的文化地位（例如，律师与清洁工的对比），也可以来自个体在专业层级中的位置（资历，例如，警察局长与普通警察、政治领导人与普通议员之间的对比）”。其将“对普通士兵/退伍军人以及其他有争议的情况的引用分类为‘弱’精英性”。本研究赞同并沿用上述分类，将医疗工作者、记者、官员、士兵、军官等一般指称列为精英。

以下是其列出的可能被构建为精英的实体的不完整列表：

-国家或民族（例如，美国、德国）；

-各种类型的机构/组织：文化机构（例如，博物馆、图书馆）、政治机构（例如，联合国、政府）、学术机构（例如，研究机构、大学）、体育机构（例如，国际足球联合会）、商业机构（例如，跨国公司）、当局（例如，警察、军队、情报机构、法院、紧急服务机构）；

-各种类型的事件/发生：文化事件（例如，奥斯卡颁奖典礼）、政治事件（例如，总统选举）、学术事件（例如，诺贝尔奖）、体育事件（例如，奥运会、世界杯）；

-各种类型的人物，包括：明星/名人、王室成员、富裕的“喜欢乘飞机的人”、政治家、宗教领袖、运动员、权威人物、学者、其他高地位的专业人士（例如，律师、首席执行官、经理、商业团体）。

（Bednarek and Caple，2014：58）

个人化（Personalization）是通过“对‘普通人’的引用、他们的情感、观点和经验，而不是专注于抽象的问题和过程，来赋予新闻以‘人性’面孔的过程”。个人化是指“一种特定的新闻价值，涉及对‘普通人’（目击者、幸存者或其他普通公民）的引用，即对非精英个体的引用，这些个体并非在官方职能范围内行动或发言”。

亲近性（Proximity）涉及“将事件构建为在地理或文化上接近目标观众发生”。这里不仅指地理上的靠近，也可以指文化上接近。亲近性需要在一个连续统（Cline）上进行概念化，因为地点可以在与目标观众“近”的程度上进行区分。

在 COVID-19 新闻报道这一特定体裁中，Yu 和 Liu（2023：4）对除审美吸引力（Aesthetic Appeal）之外的其余 10 个新闻价值进行定义并给出语言表征。

精英性（Eliteness）：与大流行相关的人物、组织等被表现为高地位。状态标志，如家喻户晓的名字，高地位的角色标签（例如 *the President*、*Doctor*）或对精英团体的引用，如 *the White House*、*CDC* 等。对于“精英性”，Yu 和 Liu 划分了三个子类别：政治家和政府机构（politicians and government institutions）（例如，*President Trump*、*the White House*）、卫生专家和科学家（health experts and scientists）（例如，*Dr. Fauci*）以及其他精英人物（other elites）（例如，*Tom Hanks*、*CNN*）。

个人化（Personalization）：将大流行解释为具有个人或“人性”面貌。对普通人的引用，通过姓名或角色/一般标签（例如，*Gerald Timothee*，*New Yorkers*，*high-risk groups*，*a man* 等）。

亲近性（Proximity）：将大流行解释为地理或文化上的接近。涉及与目标读者地理或文化上接近的地方的引用（例如，对于美国读者来说是 *New York*、*Canada*、*Europe*，对于中国读者来说是 *Shanghai*、*Japan*）。

根据上述 Bednarek 和 Caple（2017）“话语新闻价值分析”（Discursive News Values Analysis，DNVA）分析框架和 Yu 和 Liu（2023）的对新冠疫情这一特定文体的分析框架，本研究扩展成以下分类，精英性包括三类，分别为：政治人物、政府、国家和超国家机构（politicians, government, national and supra-national institutions, 简称 PolGov), (医疗) 专家和科学家 [(Health) experts and scientists, 简称 HeaSci], 其他精英、家喻户晓人物及公司 (other elites, household names and companies, 简称 OthEli/HouNam); 个人化包括两类, 分别为: 普通人 (ordinary people by names, 简称 OrdPeoNam), 泛指 (role/general labels, 简称 Rol/GenLab); 亲近性包括: 地缘或文化上与读者相近 (geographically or culturally close to the target readers, 简称 PlaCloRea)。

3.4 话语历史分析法 (Discourse-Historical Approach)

本节讨论话语历史分析法 (Discourse-historical Approach, DHA) 的发展历程、研究领域、研究原则、分析步骤、研究问题和话语策略, 为分析公共卫生广播新闻语料库 (Public Health Broadcasting News Corpus, PHBNC) 中的国家形象构建的话语策略提供理论基础。

3.4.1 话语历史分析法 (DHA) 的发展历程

话语历史分析法 (DHA), 作为批判话语研究 (Critical Discourse Studies, CDS) 的一种研究路径, "与 Fairclough (1992, 2003) 的 '辩证-关系分析法' (Dialectical-Relational Approach, 简称 DRA) 及 van Dijk (2008) 的 '社会认知分析法' (Socio-Cognitive Approach, 简称 SCA) 并列为当今批评话语分析 (Critical Discourse Analysis, 简称 CDA) 研究领域的三大主要方法" (李菁菁, 2017)。

"在英语国家, 代表着研究话语的最杰出的批判性方法之一" (Reisigl, 2018: 44)。DHA 由 Wodak 和奥地利维也纳大学的合作者创建,首次研究为追踪分析 1986 年奥地利总统选举运动时的典型反犹话语（杨敏，2019：348），分析了 1986 年奥地利总统选举中，联合国前秘书长库尔特·瓦尔德海姆（Kurt Waldheim）的公共话语中出现的反犹太刻板形象。长时间以来，瓦尔德海姆一直隐瞒了他的国家社会主义过去（Wodak et. al，1990）。

其研究范式的创立与研究主题（对象）的发展大致经历了四个阶段（Reisigl，2018：44-46；陈晗霖，2023：854-855）。第一阶段（1987—1993 年）是萌芽时期，维也纳批判话语分析（ante litteram），如 Wodak et. al.（1990）。第二阶段（1993—1997 年）推进了研究范式的初步确立，DHA 在维也纳得到制度化，如 Wodak（1996）。第三阶段（1997—2003 年）标志着研究范式的成熟，研究中心“话语、政治、身份（DPI）”成立，如 Wodak（1999，2001），Wodak 和 Ludwig（1999），Wodak 和 Meyer（2009），Wodak 和 Vetter（1999），Reisigl 和 Wodak（2001）。第四阶段（2004 年—至今）注重研究范式的运用和优化，DHA 的进一步国际化。如 Wodak（2008，2009，2015），Wodak 和 Forchtner（2018），Wodak 和 Meyer（2016），Wodak 和 Weiss（2005），Wodak *et. al.*（2009），Reisigl 和 Wodak（2009，2016）。

Wodak（2001：65-66）（第一版）介绍了 DHA 的方法，包括理论背景和话语（discourse）概念。认为“话语历史分析法的最显著的区别之一在于它努力以多种方法、基于各种经验数据和背景信息进行工作”。三角论证（triangulation）原则，可以最大限度地减少误差。根据 DHA，“话语（discourse）被理解为一组同时和顺序相关的语言行为的复杂集合，它们在行动的社会领域内和之间表现为主题相关的符号化、口头或书面的标记，往往以特定的符号类型，即体裁，呈现为文本”。阐释了 DHA 的方法以及政治和歧视话语，并用 1992—1993 年奥地利自由党主席海德尔发起的抵制外国人的“奥地利优先”（Austria First）请愿运动作为案例，研究其中的请愿文本、海报、口号、报纸报道及议会辩论五类文体，分为七个步骤研究。发现主题涉及“融合政策、外国人犯罪、停止移民”等方面；命名策略和述谓策略被用来“把社会行为者分为两类：移民、非法外国人、外国雇员、外国罪犯等为一类；奥地利公民、奥地利选民以及奥地利军队为另一类”。这种二分法建构了一个两极世界：“奥地利的‘法治’世界与非奥地利的‘犯罪和混乱’世界”（杨敏、符小丽，2018a：38）。

Reisigl 和 Wodak（2009）（第二版）相较于前版，在理论背景阐述上更加科学合理。最大的变化在于案例分析，研究了基于气候变化的话语（Discourses about Climate Change），由捷克前总统瓦茨拉夫·克劳斯（Václav Klaus）针对美国国会能源和商业委员会代表的五个问题而做出的相应答案组成。是书面专家访谈和议会提问与回答的混合体。被构建为一种正式化的、准对话式的问题-答案序列。该研究首先介绍了核心概念和术语，包括批评（critique）、意识形态（ideology）和权力（power）。DHA 奉行批判理论的社会哲学取向，主张的批评整合了三部分，“文本或话语内部批评、社会诊断批评及未来相关的前瞻性批评”（Reisigl and Wodak，2016：24-25）。对于 DHA 而言，意识形态被视为“一种（常常是）单方面的观点或世界观，由相关的心智表征、信仰、观点、态度和评价组成，该观点由特定社会群体的成员共享”（ibid：25）。DHA 将权力视为在社会关系中实现自己的意愿的可能性，而不考虑他人的意愿或利益（ibid：26）。区分了话语（discourse）、文本（text）和体裁（genre）。话语是“一个与特定社会行动领域相关的、具有上下文依赖性的符号实践集合，在社会中构成，能构成社会，与关于有效性主张（如真实和规范有效性）的宏观主题相关，涉及具有不同观点的多个社会行为者”。文本（texts）无论是可视化和书面的还是口头的，都客观化了语言行为（Ehlich，1983）。体裁（genre）可以被描述为“在特定类型的社会活动中使用语言的一种社会认可的方式”（Fairclough，1995：14）。互文性“意味着文本与其他文本相互联系，无论是在过去还是在现在”（Reisigl and Wodak，2016：28）。互语性表示“各种方式中的话语相互关联”（ibid：28）。在案例分析部分，Reisigl 和 Wodak（2009）总结了 DHA 分析的八个步骤，并应用五类话语策略逐句分析文本。

Reisigl 和 Wodak（2016）（第三版）相较于前两版，延续了气候变化的研究案例。研究文本取材于一篇由记者戴夫·斯为林（Dave Snelling）为《每日星报》在线版撰写的文章，以及针对该在线文章发表的 24 条评论。分析其宏观结构（宏观分析），其微观结构（微观分析）和其背景（背景分析）。

3.4.2 话语历史分析法（DHA）的研究领域和原则

针对 DHA 关注的话语研究领域，Reisigl（2018：48）总结如下：

“话语与歧视（例如，种族主义、民族主义、仇外主义、伊斯兰恐惧症、性别歧视）；各种社会机构中的语言障碍（如医院、法庭、官方机构、学术语言、媒体）；话语与政治/政策/体制（例如，过去的政治/政治纪念、国家建设、欧洲联盟、移民、避难、多语言主义、语言政策、民粹主义）；话语与身份（例如，国家和跨国/欧洲身份、语言身份）；话语与历史（例如，国家社会主义、法西斯主义、纪念、话语研究的历史）；媒体中的话语（传统印刷媒体和新社交媒体）；组织沟通（例如，欧洲联盟机构中的沟通）；话语与生态（气候变化）。”

特别强调上下文，Wodak（2001：67）定义了四个层次，“该三角论证方法基于一个‘上下文（context）’概念”，该概念考虑了四个层次。第一个层次是描述性的，而其他三个层次是上下文理论的一部分：（1）即时的，语言或文本内部的上下文；（2）言语之间、文本之间、体裁之间和话语之间的互文和互语关系；（3）特定情境的语境外社会/社会学变量和制度框架（中观理论）；（4）更广泛的社会政治和历史背景，话语实践嵌入并与之相关的（宏大理论）。如图 3.4 所示。

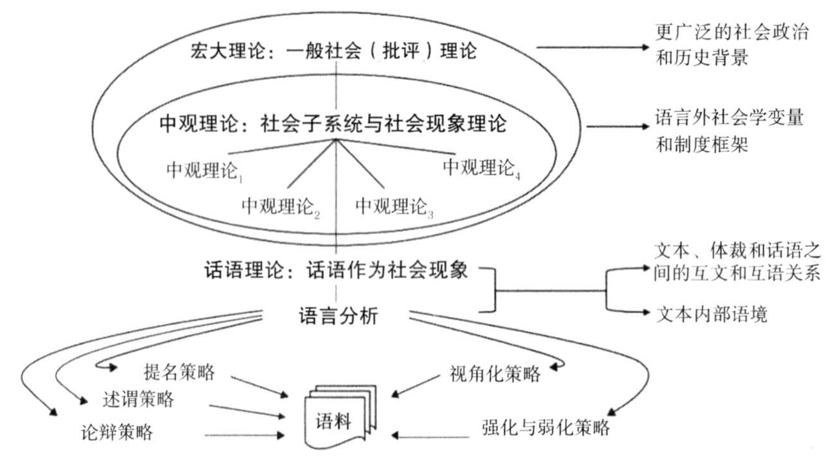

图 3.4　话语-历史分析的总体框架及四层语境

（转引自陈晗霖，2023：855，修改自 Wodak，2001：69）

在发展的过程中，DHA 逐渐形成了十条重要原则，Reisigl 和 Wodak（2016：31-32）列举如下，包括：

1. 该方法是跨学科的。跨学科涉及理论、方法、方法论、研究实践和实际应用。

2. 该方法是问题导向的。

3. 各种理论和方法被结合使用，只要整合能够对研究对象进行充分的理解和解释。

4. 研究包含实地调查和民族志学（从“内部”研究），如果这些对于对正在调查的对象进行彻底分析和理论化是必要的。

5. 研究必然在理论和实证数据之间循环。因此，我们支持一种复杂的研究策略，结合了逆推推理（通过观察数据并将其暂时与先前的理论模型联系起来构建解释性假设)、归纳程序(对这些假设的实证检验)以及如果可能的话,演绎法(基于理论得出预测性结论)。

6. 研究了众多体裁和公共空间以及互文和跨话语关系。

7. 在解释文本和话语时考虑了历史背景。历史取向允许重建再文化如何作为一个重要的过程随着时间的推移在互文和跨话语中链接文本和话语。

8. 类别和方法并非一劳永逸。它们必须根据正在调查的具体问题对每个分析进一步完善。

9. "宏大理论"通常用作基础。然而,在具体的分析中,"中观理论"往往提供更好的理论基础(Weick,1974)。

10. 应用研究结果是一个重要目标。结果应该向专业人士提供并得到应用,并向公众传达。

3.4.2 话语历史分析法(DHA)的分析步骤、研究问题和语言策略

Reisigl 和 Wodak(2016:31)提出 DHA 分析的三维度,即三个主要步骤,分别为:(1)确定特定话语的具体内容或主题,对文本/话语内部的批评;(2)调查话语策略,进行社会诊断批评,旨在揭秘例如右翼民粹主义等话语;(3)语言手段(作为词型,type)和依赖上下文语境的语言实现形式(作为词次,token)被检查,对社会进行"前瞻性批评"和"回顾性批评",目的在于改变现状(杨敏,2019:348-349)。

在分析特定话语时,有一些策略值得特别关注。在我们的分析中处理这些策略时,在我们的方法框架内,DHA 经常参考以下五个问题:

1. 人物、物体、现象/事件、过程和行为在语言上如何被命名和引用?

2. 在社会行为者、物体、现象/事件和过程中赋予了什么特征、品质和特点？

3. 在相关话语中采用了哪些论点？

4. 这些命名、归属和论点是从哪个视角表达的？

5. 相应的话语是否被明确表达、强化或减轻？

（Reisigl and Wodak，2016：32）

这五个问题有助于深入分析话语中涉及的元素，揭示命名、归属、论证等方面的语言使用和表达方式，以及这些表达在何种程度上显露出特定的观点或情感色彩。根据这五个问题，DHA 详细阐述了五种话语策略。以下为 Reisigl 和 Wodak（2001：45；2016：33）对五种话语策略的详细阐释。

命名/指称策略（Nomination/Referential）。首先，指称策略或命名策略。通过这些策略，可以通过话语构建和代表社会行为者、物体、现象、事件、过程和行为。实现形式包括：成员分类法（将社会成员划分为组内外成员）、指称语、人名等，包括通过修辞手法、生物学、自然化和非人格化的隐喻和换喻来进行指称，以及通过代表整体的部分（pars pro toto）或代表部分的整体（totum pro parte）的提喻；用于表示过程和行为的动词和名词（短语）等。

述谓策略（Predication）。其次，一旦构建或识别，社会行为者作为个体、团体成员或群体、物体、现象、事件、过程和行为会在语言上以述谓策略进行（积极或消极）语言评价描述，考察对社会行为者、物体、现象/事件和过程赋予的特征、品质和特点。例如，述谓策略可以表现为以隐性或显性谓词的形式对负面和积极特征进行刻板化、评价性的归属（例如形容词、同位语、介词短语、定语从句、连词从句、不定式从句和分词从句或短语)；明确的谓词或谓语名词/形容词/代词；习语搭配；比较、类比、隐喻和其他修辞手法（包括换喻、夸张法、轻词法、委婉语)；典故、唤起、预设/含义等。这些策略旨在以或多或少积极或负面、贬低或欣赏的方式标签化社会行为者。它们不能清晰地与命名策略分开。而且，在某种程度上，一些指称策略可以被认为是述谓策略的具体形式，因为纯粹的指称识别往往已经涉及对社会行为者进行或多或少贬低或欣赏的标签化，既包括指称，也包括内隐的或显性的评价。

论辩策略（Argumentation)。第三，存在论辩策略和一系列论式或辩题（Topoi)，通过这些论式，可以对正面和负面的归属进行合理化，对真实性和规范正确性主张辩护和质疑；通过这些论式，例如，可以提出对相应个体或群体的社会和政治包容或排斥，即歧视或优惠待遇的合理化。可以通过论式或辩题（形式或更相关内容的）或谬误推理（Fallacy）来实现。“是与内容相关的凭证依据或结论规则，将论点或论据与结论、主张联系起来”（胡元江，李艳，2023：94)。包括有用与无用、有利与不利、人道主义、定义、危险和威胁、公正、责任、累赘、财物、事实、数字、法律与权力、历史、文化、滥用等 15 种表现形式。(ibid：94)。

视角化策略（Perspectivization)。第四，话语分析者可以关注视角化策略、框架策略和话语表征，通过此类手段，在对歧视性事件或言论的报道、描述、叙述或引述中，说话者或写作者定位自身观点，表达在话语中的参与度或疏远感。实现手段包括：指示语；直接引语、间接引语或自由间接引语；引号、话语标记/语气词；隐喻；生动的语调等。

弱化策略（Mitigation）或强化策略（Intensification)。这两种策略有助于通过加强或削弱种族主义、反犹太主义、民族主义或民族主义言论的言外之意来修饰和改变话语的认知或道义地位。这些策略在话语表征中发挥重要作用，因为它们通过对话语的强化或弱化进行操作。实现手段包括：（情态）语气词、反义疑问句、虚拟语气、犹豫、含糊表达等；夸张法；间接言论行为（例如，提问而非断言）；说、感觉、思考等动词。

这些策略有助于深入理解和解释话语中的语言使用和表达方式，揭示其中蕴含的目的和影响。

本文将主要应用上述五种话语策略，分别为：命名/指称策略（Nomination/Referential）、述谓策略（Predication）、论辩策略（Argumentation）、视角化策略（Perspectivization）和弱化策略（Mitigation）或强化策略（Intensification）来分析公共卫生广播新闻语料库（CPHBN）中 CGTN 对中国抗疫的报道。并根据其中时态、介入资源、被报道者角色的分布情况，提取出一篇典型报道和一篇非典型报道。

3.5 本研究四维分析框架

基于上述理论基础，我们提出本研究的四维分析框架。如图 3.5 所示，分为四部分，分别为时态双重参照点模型、介入资源搭配及功能、被报道者角色，以及话语历史分析法（DHA）。

从图 3.5 可以看出，四维分析框架的第一部分是间接引语时态分布特征，包括不同时态报道动词、从句动词，以及时态搭配在 CGTN 公共卫生广播新闻语料库中的分布情况对比。首先，本文将分别从词型数和词次数的分布情况对比不同时态报道动词、从句动词的时态分布特征。然后考察报道动词和从句动词时态搭配的类型数和频次的分布情况，包

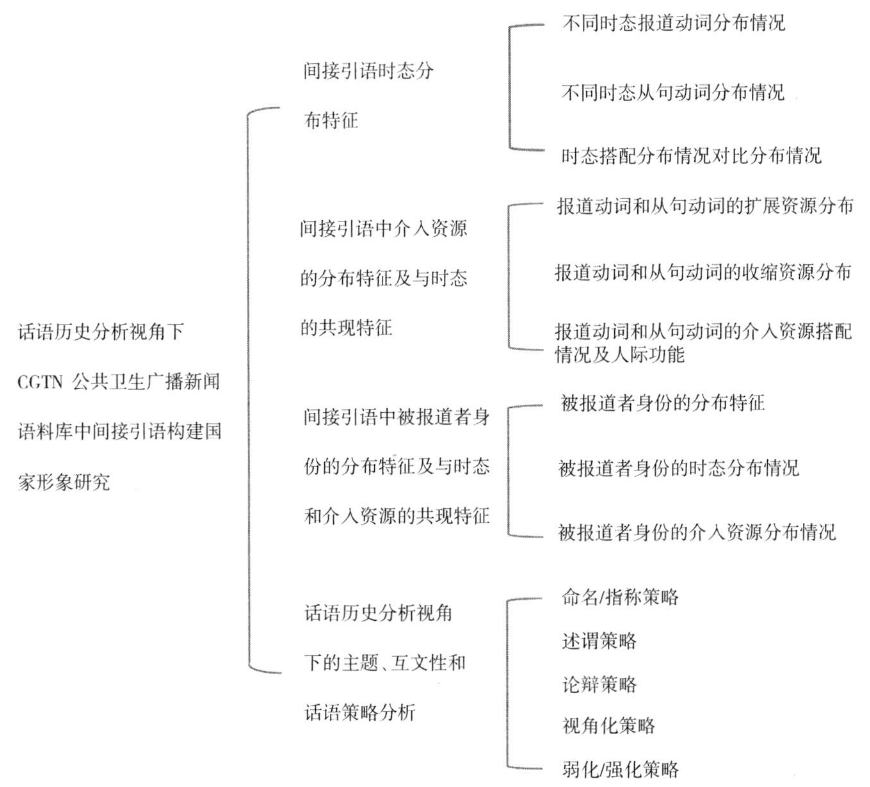

图 3.5 四维分析框架

括时态一致搭配和时态不一致搭配两种情况。

四维分析框架的第二部分是介入资源的分布特征及与时态的共现特征。本研究将从评价理论介入系统对比考察 CGTN 公共卫生广播新闻语料库中扩展和收缩资源的时态分布情况。首先，将分别对比不同时态报道动词和从句动词的扩展资源、收缩资源及二者的介入资源搭配在语料库中的分布情况及人际功能。

四维分析框架的第三部分探讨了被报道者身份的分布特征及与时态和介入资源的共现特征，分为三个部分。首先，研究考察了被报道者身份的总体分布特征。其次，考察了被报道者身份的时态分布特征。最后，被报道者身份的介入分布特征得到探讨。

四维分析框架的最后一部分应用话语历史分析法（DHA），分析了 CGTN 公共卫生广播新闻语料库中的典型具体内容和主题对国家形象的构建，并进行互文性分析，考察高频词汇的语义搭配网络，接着以时态、介入资源和被报道者身份方面显著多数分布的典型文本，以及显著少数分布的非典型文本为案例，分析五类话语策略，分别为：命名/指称策略、述谓策略、论辩策略、视角化策略及弱化/强化策略，探讨其在中国国家形象构建中的功能和效果。

因此，本文将利用上述四维框架分析 CGTN 公共卫生广播新闻语料库中间接引语中的三方协商，下一章将介绍本研究使用的语料库、检索工具，以及标注方案。

4　语料库、检索工具及标注方案

本章主要介绍文中所用的语料库资源和语料检索与分析工具。语料库的代表性对基于语料库的研究至关重要（肖忠华，2012：33）。本章将讨论研究所用的公共卫生广播新闻语料库的设计和加工；其次还将介绍文中使用的语料检索与分析工具；最后介绍本研究所用的公共卫生广播新闻语料库的标注方案。

4.1　公共卫生广播新闻语料库（CPHBN）

公共卫生广播新闻语料库（Corpus of Public Health Broadcasting News，简称 CPHBN），是一个包含 50 多万英语语料的公共卫生电视广播新闻语料库。该语料库由笔者收集自中国环球电视网（CGTN）。

根据官网（https：//www.cgtn.com/about-us）的介绍，中国环球电视网，简称 CGTN，是一个国际性媒体机构，成立于 2016 年 12 月 31 日。它旨在为全球观众提供准确及时的新闻报道以及丰富的视听服务，促进中国与世界之间的沟通与理解，增进中国与其他国家之间的文化交流和互信。CGTN 总部位于北京，设有三个制作中心，分别位于内罗毕、华盛顿特区和伦敦，所有制作中心均配备了来自世界各地的国际专业人员。遵循客观、理性和平衡的报道原则，CGTN 致力于以多元视角呈现信息。CGTN 的电视频道在全球 160 多个国家和地区可用。它还整合了视频新闻机构 Global Video News Agency。作为中国媒体融合的先行者，CGTN 通过 CGTN 数字平台传递数字内容，可通过 CGTN. com、CGTN 移动应用、YouTube、Facebook、Twitter、微博等社交媒体平台获取，全球拥有超过 1. 5 亿粉丝。

由笔者登录官网主页，点击左下角的“Transcript”转写链接，人工筛选与公共卫生相关的话题，时间跨度为 2020 年 1 月 1 日至 2022 年 12 月 30 日。共搜集到 8 个电视节目，共 766 个文本，总词数为 450 754，包括“亚洲直播室”（*Asia Today*），“中国 24 小时”（*China* 24），“文化报道”（*Culture Express*），“全球财经”（*Global Business*），“环球瞭望”（*Global Watch*），“链接天下”（*The Link*），“今日世界”（*The World Today*），“周末聚焦”（*Zoom In*），中文名源自维基百科（https：//zh. wikipedia. org/zh-hans/%E4%B8%AD%E5%9B%BD%E7%8E%AF%E7%90%83%E7%94%B5%E8%A7%86%E7%BD%91_（%E9%A2%91%E9%81%93）。具体选材范围和抽样年代数据见表 4. 1。

本文所用的语料为处理后的语料，其中主持人、记者、嘉宾和采访对象等人的姓名仅第一次出现时保留大写的全名及角色或职位，之后出现仅保留大写的姓。如首次出现时，为 JI JIE General Manager，International Logistics，JD Logistics，之后出现时，改为 JI；首次出现时，为 OMAR KHAN Guangzhou，之后出现时，为 KHAN。

表 4. 1　公共卫生广播新闻语料库选材范围及抽样年代

来源	节目名称	时间跨度	文本数	英文词次
CGTN News	*Asia Today*	20200519-20221222	27	11 208
CGTN News	*China* 24	20200101-20221227	140	65 274

续表

来源	节目名称	时间跨度	文本数	英文词次
CGTN News	*Culture Express*	20200319-20210119	10	4 098
CGTN News	*Global Business*	20200220-20220906	58	27 312
CGTN News	*Global Watch*	20200204-20221230	154	98 212
CGTN News	*The Link*	20200616-20210401	4	1 458
CGTN News	*The World Today*	20200131-20221228	372	242 790
CGTN News	*Zoom In*	20200419	1	402
Total	8	20200101-20221230	766	450 754

在进行时态层、介入资源层和被报道者角色层的标注时，本文采用“质性数据标注器 1. 1”（BFSU Qualitative Coder 1. 1）（http：//www. bfsu-corpus. org/channels/tools）。该软件由北京外国语大学的许家金教授和贾云龙博士于 2011 年开发，辅助书面文本和转写的文本数据分析，是一款人工语义标注的软件，使用用户自定义标签进行分类标注（Xu and Jia，2011）。本研究中，笔者事先在软件后台程序中输入编码，编辑好各类时态、介入资源及被报道者角色类型对应的色彩编号，即可点击编码组，或右键单击选择编码运行程序，所选内容会以可扩展标记语言（Extensible Markup Language，XML）格式高亮呈现。本研究使用 BFSU Qualitative Coder 1. 1 对英文语料进行辅助标注，标注后进行同行校对。

同时，笔者登录 CNN 的转写文本网站（https：//transcripts. cnn. com/），根据 China 和 COVID 的检索词，收集 2020. 1. 1-2022. 11. 4 期间的与全球公共卫生事件相关的对中国的新闻报道，建成 CPHBN 的 CNN 参照语料库，用于提取 CPHBN 的主题词（Key Words）。共搜集到 14 个电视节目，共 477 个文本，总词数为 513 196，包括 *Anderson Cooper 360°*，*AT THIS HOUR*，*CNN 10*，*CNN Live Event Special*，*CNN New Day Saturday*，*CNN New Day Sunday*，*CNN New Day*，*CNN Newsroom*，*Don*

Lemon Tonight, *Early Start*, *Erin Burnett OutFront*, *Situation Room*, *The Lead with Jake Tapper*, *This Morning*。具体选材范围和抽样年代数据见表 4. 2。

表 4. 2　CNN 参照语料库选材范围及抽样年代

来源	节目名称	时间跨度	文本数	英文词次
CNN News	*Anderson Cooper 360°*	20200408-20221228	12	18 663
CNN News	*AT THIS HOUR*	20200207-20221227	11	8 065
CNN News	*CNN 10*	20200206-20221214	15	8 319
CNN News	*CNN Live Event Special*	20200125-20201231	5	3 581
CNN News	*CNN New Day Saturday*	20200118-20200418	6	2 652
CNN News	*CNN New Day Sunday*	20200126-20200503	4	3 061
CNN News	*CNN New Day*	20200123-20220429	35	34 017
CNN News	*CNN Newsroom*	20200118-20221230	270	345 580
CNN News	*Don Lemon Tonight*	20200403-20220512	9	7 741
CNN News	*Early Start*	20200120-20221221	42	26 051
CNN News	*Erin Burnett OutFront*	20200313-20221103	23	21 459
CNN News	*Situation Room*	20200125-20221228	18	13 833
CNN News	*The Lead with Jake Tapper*	20200319-20221229	15	12 51
CNN News	*This Morning*	20221121-20221230	12	7 583
Total	14	20200118-20221231	477	513 196

4. 2　语料分析与统计工具

本研究所使用的语料库工具主要包括用于英语单语检索的软件 WordSmith（6. 0 版），对检索结果进行统计分析的工具 PowerGREP 以及用来分析关键词及其语义搭配网络的软件 LancsBox X，现介绍如下。

4.2.1 WordSmith 工具（6.0 版）

本文主要采用 WordSmith（6.0 版）对 CPHBN 语料库进行检索与分析。WordSmith 软件是由英国的 Mike Scott 教授开发，牛津大学出版社发行的经典语料库分析商用软件（肖忠华，2012：58），是一款文本词汇分析软件，主要包含检索（Concord）、关键词（KeyWords）及词表（WordList）3 个功能。

检索（Concord）提供了文本语境中的任何检索词或检索短语的浏览，称为检索窗（Concordance），并从中发现搭配词（collocates）。此外，双击任意一行检索词，能显示源文本（source text），其中的检索词会突出显示。检索还提供了搭配词（collocates）、检索词分布图（plot）、词型（patterns）、词簇（clusters）、源文本文件名（file names）等功能。

关键词（KeyWords）则提供了目标语料库相对于“参照语料库”（reference corpus）的特别常用的高频词（短语），称为（正）关键词和特别不常用的低频词（短语），称为负关键词（肖忠华，2012：64）。

词表（WordList）则提供了文本中按字母顺序或出现频率高低排列的一系列的词汇或词簇（word-clusters）（Scott，2015）。

WordSmith（6.0 版）在本研究中主要用作检索（Concord）、词簇（clusters）和搭配词（collocates）等功能。并采用词表（WordList）来统计 CPHBN 中的各时态报道动词和从句动词的词型（type）、词次（token）、介入资源的分布及被报道者的角色。

4.2.2 PowerGREP

PowerGREP 软件由 Just Great Software 公司的 Jan Goyvaerts 研发，支

持纯文本提取和正则表达式。本研究使用该软件检索并提取公共卫生广播新闻语料库（CPHBN）中各个新闻节目的英文词次，所用的正则表达式为［A-Za-z0-9-］+，由北京外国语大学的许家金教授提供。

4.2.3 LancsBox X

LancsBox X 软件由兰卡斯特大学的 Vaclav Brezina 教授和 William Platt 教授开发的用来进行语言分析和可视化的免费软件工具。LancsBox X 允许用户上传自己的语料库，并支持多种文件格式（如 txt、docx、pdf、pptx、xlsx 等）以及 XML。

根据其中文版的用户使用手册的介绍，其三大核心语料库分析工具包括 KWIC、GraphColl 以及 Words tool。当用户将鼠标指向界面中的加号图标，三个工具的图标将会浮现出来：KWIC 位于顶部，GraphColl 位于右侧，Words tool 位于左侧。本研究主要使用其中的 GraphColl 和 Words tool 中的关键词（Keywords）功能，接下来就简单介绍这两个工具的功能特性，以下内容均引用自中文版用户手册。

GraphColl 的名字是“graphical collocations tool”的缩写。GraphColl 工具可以识别词语搭配（collocations），并以表格、词语搭配图或词语搭配网络的形式显示。例如，GraphColl 可以用于以下几种情况：查找单词或短语的搭配词（collocates），可视化词语搭配，识别单词或短语的共享搭配词。

GraphColl 工具可以即时生成词语搭配表格和图形。选择合适的设置后，可以开始搜索节点及其搭配词。词语搭配表是传统的显示搭配的方式。在 GraphColl 中，该表显示每个词语搭配的以下信息：①分布，②搭配频率，③该词汇搭配在语料库中的频率，④所有相关的统计量。默认情况下，该表按默认的词汇搭配统计量“logDice”排序（从大到小），并应用适当的频率过滤器。

要了解关于某个搭配词更多的信息，可以将鼠标悬停在其上以获取索引行（KWIC 预览），其中搭配词与节点共现。词语搭配网络是扩展的词语搭配图，显示了共用的搭配词和多个节点词之间的交叉关联。共用搭配词是指图表中至少有两个节点词共用的搭配词。共用搭配词会显示在图表中央，并链接到相关的节点词。

词语工具（Words tool）可以深入分析词语频数、语法范畴和语义范畴的频数，并通过分析关键词来比较语料库。

4.3 CPHBN 的标注方案

本节介绍公共卫生广播新闻语料库（CPHBN）的标注方案及语例。其中标注方案包括定义、标注码及样例。

4.3.1 时态标注方案

本节基于郁伟伟（2021）的时态标注体系，使用质性标注工具：北外质性编码器 1.1，采用可扩展标记语言（Extensible Markup Language，XML）格式完成人工标注。

其中 5 种报道动词的标注方案如下：过去时报道动词的标注码采用 past reporting verb 的每个单词的前三个字母表示，为<PasRepVer> * </PasRepVer>。过去完成时的标注码采用 past perfect reporting verb 的每个单词的前三个字母表示，为<PasperRepVer> * </PasperRepVer>。过去将来时的标注码采用 past future reporting verb 的每个单词的前三个字母表示，为<PasfutRepVer> * </PasfutRepVer>。现在时报道动词的标注码采用 present reporting verb 的每个单词的前三个字母表示，为<PreRepVer> * </PreRepVer>。现在完成时的标注码采用 present perfect reporting verb 的

每个单词的前三个字母表示，为<PreperRepVer> * </PreperRepVer>。现在将来时报道动词的标注码采用 future reporting verb 的每个单词的前三个字母表示，为<FutRepVer> * </FutRepVer>。本节的语例全部取自平行语料库的汉语译文及英语母语的语料。详细全部标注见附录 1。

从句动词各标注方案及语例如下：

意图绝对现在时

定义：相对于被报道者参照点 $t_{0(RS)}$ 的绝对现在时，与被报道者直接相关，而非报道者。

标注码：<Prenon> * </Prenon>（intentionally absolute present tense）

意图绝对过去时

定义：相对于被报道者参照点 $t_{0(RS)}$ 的过去时，与被报道者直接相关，而非报道者。

标注码：<Abspas> * </Abspas>（intentionally absolute past tense）

意图现在完成时

定义：相对于被报道者参照点 $t_{0(RS)}$ 的现在完成时，与被报道者直接相关，而非报道者。

标注码：<Preper> * </Preper>（intentionally present perfect tense）

意图现在将来时

定义：相对于被报道者参照点 $t_{0(RS)}$ 的现在将来时，与被报道者直接相关，而非报道者。

标注码：<Futu> * </Futu>（intentionally present future tense）

意图将来完成时

定义：指截止到与被报道者参照点 $t_{0(RS)}$ 相关的将来的某个时间之前，情景已经完成，时态实现形式为意图将来完成时。

标注码：<Futper> * </Futper>（intentionally future perfect tense）

意图相对过去时

定义：在使用间接引语时，在过去时报道动词时态的影响下，被报道者参照点 $t_{0(RS)}$ 转换到相应的过去时间指向，与之相关的报道从句一般现在时表达发生了向一般过去时的“逆移”（backshifting）。

标注码：<Relpas> * </Relpas>（intentionally relative past tense）

意图过去完成时

定义：在使用间接引语时，在过去时报道动词时态的影响下，被报道者参照点 $t_{0(RS)}$ 转换到相应的过去时间指向，与之相关的报道从句现在完成时表达发生了向过去完成时的“逆移”（backshifting）。

标注码：<Pastper> * </Pastper>（intentionally past perfect tense）

意图过去将来时

定义：在使用间接引语时，在过去时报道动词时态的影响下，被报道者参照点 $t_{0(RS)}$ 转换到相应的过去时间指向，与之相关的报道从句现在将来时表达发生了向过去将来时的“逆移”（backshifting）。

标注码：<Pasfut> * </Pasfut>（intentionally past future tense）

意图过去将来完成时

定义：指截止到与被报道者参照点 $t_{0(RS)}$ 相关的过去时间的将来的某个时间之前，情景已经完成，时态实现形式为意图过去将来完成时。

标注码：<Pasfutper> * </Pasfutper>（intentionally past future perfect tesne）

真正绝对现在时

定义：由报道者操纵，包含与真实场相关的命题。报道从句使用与报道者参照点 t_0 直接相关的绝对现在时。

标注码：<Prespe> * </Prespe>（true absolute present tense）

真正现在完成时

定义：截止到报道者参照点 t_0，事件已经完成的现在完成时，由报道者操纵报道内容的真实性，包含与真实场相关的命题。

标注码：<PrespePreper> * </PrespePreper>（true present perfect tense）

真正现在将来时

定义：以报道者参照点 t_0 为起点的现在将来时，由报道者操纵报道内容真实性，包含与真实场相关的命题。

标注码：<PrespeFut> * </PrespeFut>（true present future tense）

真正将来完成时

定义：截止到以报道者参照点 t_0 为起点的将来某个时间，事件已经完成，由报道者操纵报道内容的真实性，包含与真实场相关的命题。

标注码：<PrespeFutper> * </PrespeFutper>（true future perfect tense）

真正过去将来时

定义：相对于报道者参照点 t_0 的过去将来时，由报道者操纵报道内容的真实性，包含与真实场相关的命题。

标注码：<PrespePasFut> * </PrespePasFut>（true past future tense）

样例：

（6）At the same time, Andersen <PasRepVer>added</PasRepVer> they <Prenon>have</Prenon> to look at this much more closely and there <Prenon>are</Prenon> still further analyses to be done, so those opinions <Moda><Abspas>could</Abspas></Moda> still change.

（7）But the headmaster also <PasRepVer>mentioned</PasRepVer> that the number of kids attending school on the first day <Prenon>is</Prenon> only about half of what they <Abspas>anticipated</Abspas>, partly because of the reemerging cases.

（8）Scientists <PreRepVer>say</PreRepVer> they <Preper><Moda>

may</Moda> have</Preper> found the cause of a mysterious pneumonia outbreak we mentioned in central China.

（9）Zhao Lijian <PasRepVer>said</PasRepVer> that China <Futu> will</Futu> hold an open, transparent and responsible attitude while continuing to cooperate with the WHO to prevent future risks and protect people's safety and health.

（10）She <PreRepVer>says</PreRepVer> foreigners <Relpas><Moda> might</Moda></Relpas> have concerns about medical attention.

（11）But the nation's top economists <PreRepVer>say</PreRepVer> the impact <Pasfut>would</Pasfut> be "manageable and short-term" given its fundamentally healthy outlook.

（12）More than two thousand people have participated in Phase I and Phase II clinical trials, and the data <PreRepVer>shows</PreRepVer> that the incidence and degree of adverse reactions <Prespe>are</Prespe> much lower than that of all kinds of vaccines.

（13）Data <PreRepVer>shows</PreRepVer> China <PrespePreper> has </PrespePreper > secured the world's lowest rates of coronavirus infections, severe cases and mortality at the height of COVID-19 pandemic thanks to its tough control measures.

综上所述，对于检索方案，意图时态以被报道者参照点 $t_{0(RS)}$ 作为参照点，包括意图绝对现在时（或 Prenon）、意图绝对过去时（或 Abspas）、意图现在完成时（或 Preper）和意图现在将来时（或 Futu），而意图相对时包括：意图相对过去时（或 Relpas）、意图过去完成时（或 Pastper）、意图过去将来时（或 Pastfut）和意图过去将来完成时（或 Pasfutper）。意图绝对相对时为意图将来完成时（或 Futper）。真正时态的所有语例被标注为以报道者参照点 t_0 作为参照点，包括：真正绝对现在时（或 Prespe）、真正现在完成时（或 PrespePreper）和真正现在将来时（或 PrespeFut）。真正相对时为真正过去将来时（或 PrespePasFut）。真正绝对相对时为真正将来完成时（或 PrespeFutper）。

4.3.2 介入资源的标注方案

公共卫生广播新闻语料库（CPHBN）中介入系统的标注分为四个部分：否认（disclaim）、公告（proclaim）、接纳（entertain）和归属（attribute）。

否认和公告属于对话收缩资源，接纳和归属属于对话扩展资源。否认又细分为否定（deny）和反对（counter）。公告次范畴包括同意（concur）、宣告（pronounce）和背书（endorse）。归属（attribute）可以进一步分为承认（acknowledge）和疏远（distance）。本节对标注系统的介绍包括其定义、标注码和语例。其中定义引用自郁伟伟（2021），本节的语例全部取自语料库汉语原文语料。详细全部标注见附录 3。

否定（Deny）

定义：否定预设一些读者持有相反的观点，为了争取他们，或者让他们与作者一方结盟，作者/说话人首先引入积极的观点然后否定它，有时会与带有虚拟受话人的第三方相对。标注码用英文 Deny 表示。

标注码：<Deny>not least</Deny>,

<Deny>extremely unlikely</Deny>,

<Deny>never</Deny>,

反对（Counter）

定义：反对，也称为“反预期”，同样激发了一个相反的命题，此命题随后不再被坚持，如同否认一般。另一方面，否认限制了对话选择。用英文 Counter 表示。

标注码： <Counter>still</Counter>,

<Counter>but</Counter>,

<Counter>even now</Counter>,

同意（Concur）

定义：涉及那些公开宣布发话者同意或具有与某个预期对话伙伴相同的知识的表达方式。用英文 Concur 表示。

标注码： <Concur>evidently</Concur>,

<Concur>naturally</Concur>,

<Concur>of course</Concur>,

宣告（Pronounce）

定义：宣告指作者明显地干预或插手，他们挑战、对抗或是抵制这个特定的对话选择。用英文 Pronounce 表示。

标注码： <Pronounce>I contend that</Pronounce>,

<Pronounce>really</Pronounce>,

<Pronounce>DID</Pronounce>,

背书（Endorse）

定义：背书讨论了说话人与外部声音的赞同关系，用类似 *show*, *prove*, *demonstrate*, *find*, *point out* 等表明事实性的词汇表达。用英文 Endorse 表示。

标注码： <Endorse>show</Endorse>,

<Endorse>prove</Endorse>,

<Endorse>demonstrate</Endorse>,

接纳（Entertain）

定义：接纳指作者的声音为多于开放对话空间，或者作者的立场只是众多可能性中的一种。用英文 Entertain 表示。

标注码： <Entertain>may</Entertain>,

<Entertain>suggest</Entertain>,

<Entertain>probably</Entertain>,

承认（Acknowledge）

定义：承认指没有明显的立场或价值判断的情形。用英文 Acknowledge 表示。

标注码： <Acknowledge>said</Acknowledge>,

<Acknowledge>believes</Acknowledge>,

<Acknowledge>argues</Acknowledge>,

疏远（Distance）

定义：它使得作者的声音疏远外部的声音。用英文 Distance 表示。

标注码： <Distance>claim</Distance>,

<Distance>it's rumored that</Distance>,

<Distance>mislead</Distance>,

样例：

（14）<HeaSci>Expert</HeaSci> <PreRepVer><Acknowledge>says</Acknowledge></PreRepVer> lab leak theory <Prenon>has</Prenon> <Deny>no</Deny> scientific merit.

（15）<HeaSci>Experts</HeaSci> <PreRepVer><Acknowledge>say</Acknowledge></PreRepVer> this <Prenon>is</Prenon> a <Pronounce>really</Pronounce> exciting result amid early clinical data for a COVID-19 vaccine.

（16）<PolGov>The UN report</PolGov> <PreRepVer><Acknowledge>says</Acknowledge></PreRepVer> fertility rates <Preper>have</Preper> <Concur>evidently</Concur> fallen in recent decades in many countries, and in some areas the life-time fertility rate <Prenon>is</Prenon> below 2.1 births per woman, roughly the level required for zero growth in the long run for a population with low mortality.

(17) <OthEli/HouNam>The data</OthEli/HouNam> <PreRepVer><Endorse>shows</Endorse></PreRepVer> the number of symptomatic cases <Abspas>fell</Abspas> by 80 percent, and hospitalizations <Abspas>fell</Abspas> by 86 percent.

(18) And <HeaSci>experts</HeaSci> <PreRepVer><Acknowledge>say</Acknowledge></PreRepVer> they <Prenon>hope</Prenon> the mobile sites <Moda><Prenon><Entertain>can</Entertain></Prenon></Moda> give a further boost to the country's efforts to inoculate its population.

(18) He <PasRepVer><Acknowledge>said</Acknowledge></PasRepVer> the National Health Commission <Futu>will</Futu> continue to take scientific and targeted prevention and control measures with local governments to curb the spread in a timely manner with the lowest cost.

(19) <OthEli/HouNam>Indian media *India Today*</OthEli/HouNam> has accused China of raising prices on oxygen concentrators and <PasRepVer><Distance>alleged</Distance></PasRepVer> that the country <Abspas>was</Abspas> sending the nation sub-standard equipment.

4.3.3 被报道者身份的标注方案

政治人物、政府、国家和超国家机构（Politicians, government, national and supra-national institutions）

定义：用“政治人物”的英文 politicians 的前三个字母，首字母大写 Pol，“政府”的英文 government 的前三个字母，首字母大写 Gov，合成 PolGov 表示。

标注码：　　<PolGov>President Xi</PolGov>,

<PolGov>Beijing authorities</PolGov>,

<PolGov>President Arce</PolGov>,

（医疗）专家和科学家［（Health）Experts and scientists］

定义：用“医疗”的英文 health 的前三个字母，首字母大写 Hea，“科学家”的英文 scientist 的前三个字母，首字母大写 Sci，合成 HeaSci 表示。

标注码：　　<HeaSci>Dr. Fauci</HeaSci>,

<HeaSci>top Chinese microbiology and virology scientists</HeaSci>,

<HeaSci>A microbiologist from the Chinese Academy of Sciences </HeaSci>,

其他精英、家喻户晓人物及公司（Other elites, household names and companies）

定义：用“其他精英”的英文 other elites 各自的前三个字母，首字母大写 OthEli，“家喻户晓的人物”的英文 household names 各自的前三个字母，首字母大写 HouNam，合成 OthEli/HouNam 表示。

标注码：　　<OthEli/HouNam>China Southern Airlines</OthEli/HouNam>,

<OthEli/HouNam>China National Biotec Group's（CNBG）</OthEli/HouNam>,

<OthEli/HouNam>Foxconn</OthEli/HouNam>,

普通人（Ordinary people by names）

定义：用“普通人”的英文 ordinary people 各自的前三个字母，首字母大写 OrdPeo，“名字”的英文 names 的前三个字母，首字母大写 Nam，合成 OrdPeoNam 表示。

标注码：　　<OrdPeoNam>The elderly couple</OrdPeoNam>,

<OrdPeoNam>Su Haifang</OrdPeoNam>,

<OrdPeoNam>34-year-old Li Jing</OrdPeoNam>,

泛指（Role/General labels）

定义：用“角色”的英文 role 的前三个字母，首字母大写 Rol，“泛指标签”的英文 general labels，各自的前三个字母 GenLab，合成 Rol/GenLab 表示。

标注码： <Rol/GenLab>ancient Chinese</Rol/GenLab>, <Rol/GenLab>Many countries</Rol/GenLab>, <Rol/GenLab>everyone</Rol/GenLab>,

地缘或文化上与读者相近（Geographically or culturally close to the target readers）

定义：用英文 Places close to the readers 中实词的各自的前三个字母，首字母大写，合成 PlaCloRea 表示。

标注码： <PlaCloRea>Shanghai</PlaCloRea>, <PlaCloRea>Wuhan</PlaCloRea>, <PlaCloRea>Beijing</PlaCloRea>,

样例：

(20) <PolGov>Local authorities</PolGov> <PreRepVer><Acknowledge>say</Acknowledge></PreRepVer> they <Prenon>are</Prenon> trying to bring case numbers right down before Spring Festival so that more people <Moda><Prenon><Entertain>can</Entertain></Prenon></Moda> leave Tianjin safely to reunite with their families.

(21) <HeaSci>A top Chinese health expert</HeaSci> <PreRepVer><Acknowledge>says</Acknowledge></PreRepVer> the strain of virus circulating in the Chinese capital <Prenon>is</Prenon> similar to the one seen in Europe, NOT the one that <Abspas>was</Abspas> found across the rest of the country.

(22) <OthEli/HouNam>Foxconn</OthEli/HouNam> <PreRepVer>

<Acknowledge> says </Acknowledge></PreRepVer> it fully <Prenon>respects</Prenon> the decision of employees to leave or stay, and for those who <Prenon>want</Prenon> to go back to their hometowns, <OthEli/HouNam>the company</OthEli/HouNam> <PreRepVer><Acknowledge>says </Acknowledge></PreRepVer> it <Futu>will</Futu> facilitate their return.

(23) <OrdPeoNam>Yang Peiyu</OrdPeoNam> <PreRepVer><Acknowledge>wishes</Acknowledge></PreRepVer> this year he <Moda><Prenon><Entertain>can</Entertain></Prenon></Moda> take his daughter to the aquarium, and <PreRepVer>hopes</PreRepVer> his son <Futu>will</Futu> make progress in school.

(24) <Rol/GenLab> Some foreign exhibitors </Rol/GenLab> <PreRepVer><Acknowledge>say</Acknowledge></PreRepVer> the expo <Preper>has</Preper> allowed them to reach out to trade partners and potential clients.

(25) <PlaCloRea>Beijing</PlaCloRea> <PreRepVer><Acknowledge>says</Acknowledge></PreRepVer> it <Preper>has</Preper> established a quick response mechanism to maintain food supplies amid a new round of coronavirus infections.

从第5章开始，我们将利用上述语料库和语料库检索、分析工具对比分析公共卫生广播新闻语料库。在下一章中主要探讨语料库的报道动词和从句动词的时态分布特征。

5 CPHBN 的间接引语时态分布特征

本章主要对公共卫生广播新闻语料库（CPHBN）中间接引语时态的分布特征进行比较分析，重点关注不同时态报道动词和从句动词在语料库中的分布情况，包括它们的词型（type）数和词次（token）数。随后，对不同时态报道动词和从句动词时态不一致搭配在语料库中的分布情况进行了讨论。总体而言，CPHBN 中包含 4 种时态的报道动词和 9 种时态的从句动词，涵盖 147 种时态搭配，共计 2 487 次频次。

5.1 CPHBN 中不同时态报道动词分布情况对比

我们将对 CPHBN 中的报道动词进行词型数和词次数的分析，特别是在间接引语中时态的总体分布（包括一致和不一致搭配）。在 CPHBN 中，4 种时态的报道动词共涉及 120 种词型，出现 2 487 次；而 9 种时态的从句动词共包含 674 种词型，出现 3 209 次。接下来，我们将首先讨论时态搭配中报道动词的词型数和词次数的分布情况，详见下图 5.1。

根据图 5.1，首先，就报道动词的词型数、词次数的总体分布而言，现在时报道动词>过去时报道动词>现在完成时报道动词>过去完成

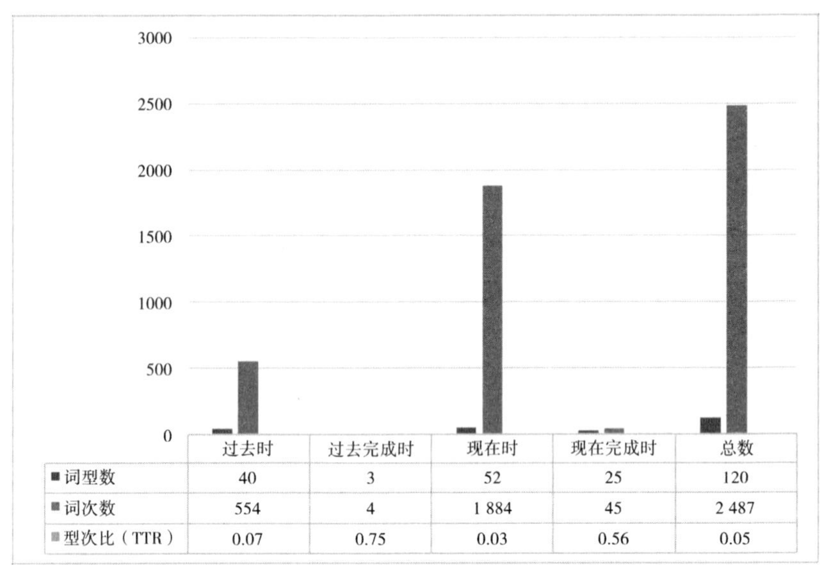

	过去时	过去完成时	现在时	现在完成时	总数
■词型数	40	3	52	25	120
■词次数	554	4	1 884	45	2 487
■型次比（TTR）	0.07	0.75	0.03	0.56	0.05

图 5.1　CPHBN 中报道动词词型数和词次数的分布

时报道动词；但就型次比（TTR）而言，词汇密度（lexical density）刚好相反，为过去完成时报道动词>现在完成时报道动词>过去时报道动词>现在时报道动词。

就词型数的显著性差异而言，现在时报道动词显著多于过去时（$p=0.000<0.05$）、现在完成时（$p=0.000<0.05$）和过去完成时报道动词（$p=0.000<0.05$）；过去时报道动词显著多于现在完成时（$p=0.000<0.05$）和过去完成时报道动词（$p=0.000<0.05$）；现在完成时显著多于过去完成时报道动词（$p=0.000<0.05$）。

就词次数的显著性差异而言，现在时报道动词显著多于过去时（$p=0.000<0.05$）、现在完成时（$p=0.000<0.05$）和过去完成时报道动词（$p=0.000<0.05$）；过去时报道动词显著多于现在完成时（$p=0.000<0.05$）和过去完成时报道动词（$p=0.000<0.05$）；现在完成时报道动词显著多于过去完成时报道动词（$p=0.000<0.05$）。

接下来考察其中时态不一致搭配的统计结果。见图 5.2。

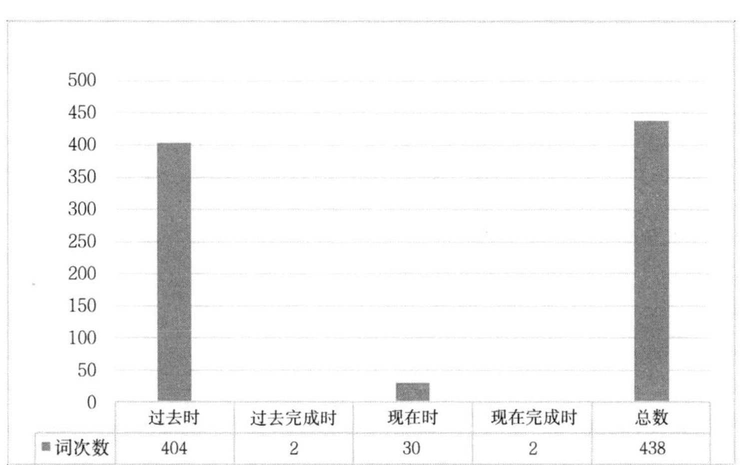

图 5.2　CPHBN 中时态不一致搭配中的报道动词词次数的分布

由图 5.2 可知，时态不一致的 438 例的搭配中，过去时报道动词>现在时报道动词>现在完成时报道动词=过去完成时报道动词。

就词次数的显著性差异而言，过去时报道动词显著多于现在时（$p=0.000<0.05$）、现在完成时（$p=0.000<0.05$）和过去完成时报道动词（$p=0.000<0.05$）；现在时报道动词显著多于现在完成时（$p=0.000<0.05$）和过去完成时报道动词（$p=0.000<0.05$）。与郁伟伟（2021）的统计结果一致。说明不论是翻译体英语、本族语者英语，或是本文中的公共卫生英语，时态不一致搭配中的报道动词的分布规律相似，过去时报道动词最多，其次是现在时报道动词、现在完成时报道动词和过去完成时报道动词。

上述对报道动词词型数和词次数的统计分析表明：①在 CPHBN 的时态总数分布上，现在时报道动词的词型数和词次数占显著优势；②在时态不一致搭配中的报道动词的词次数上，过去时报道动词的词次数显著多于现在时、现在完成时和过去完成时报道动词。

5.2 CPHBN 中不同时态从句动词分布情况对比

接下来将从词型数和词次数分析不同时态从句动词在 CPHBN 中的分布情况，见图 5.3。

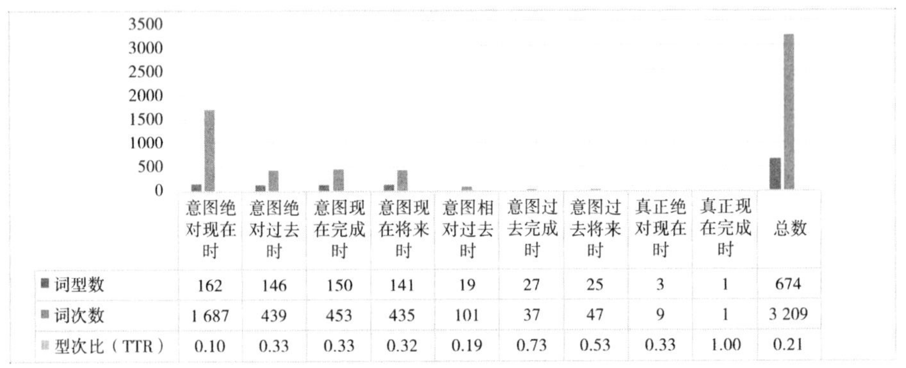

	意图绝对现在时	意图绝对过去时	意图现在完成时	意图现在将来时	意图相对过去时	意图过去完成时	意图过去将来时	真正绝对现在时	真正现在完成时	总数
词型数	162	146	150	141	19	27	25	3	1	674
词次数	1 687	439	453	435	101	37	47	9	1	3 209
型次比（TTR）	0.10	0.33	0.33	0.32	0.19	0.73	0.53	0.33	1.00	0.21

图 5.3　CPHBN 中从句动词的词型数和词次数分布

根据图 5.3，首先，就从句动词的词型数、词次数的总体分布而言，意图绝对现在时>意图现在完成时>意图绝对过去时>意图现在将来时>真正绝对现在时>真正现在完成时；但就型次比（TTR）而言，词汇密度为真正现在完成时>意图过去完成时>意图过去将来时>真正绝对现在时、意图现在完成时、意图绝对过去时>意图现在将来时>意图相对过去时>意图绝对现在时。

就从句动词词型数和词次数的显著性差异而言，意图绝对时的 4 种时态类型，分别为：意图绝对现在时、意图现在完成时、意图绝对过去时和意图现在将来时，均显著多于意图相对时的 3 种时态类型和真正绝对时态的 2 种时态类型，分别为：意图过去完成时（$p=0.000<0.05$）、意图过去将来时（$p=0.000<0.05$）、意图相对过去时（$p=0.000<$

0.05）、真正绝对现在时（$p=0.000<0.05$）和真正现在完成时（$p=0.000<0.05$）。此外，就从句动词的词次数而言，意图绝对现在时从句动词显著多于其他时态（$p=0.000<0.05$）。

接下来考察时态不一致搭配中的从句动词的统计结果，见图 5.4。

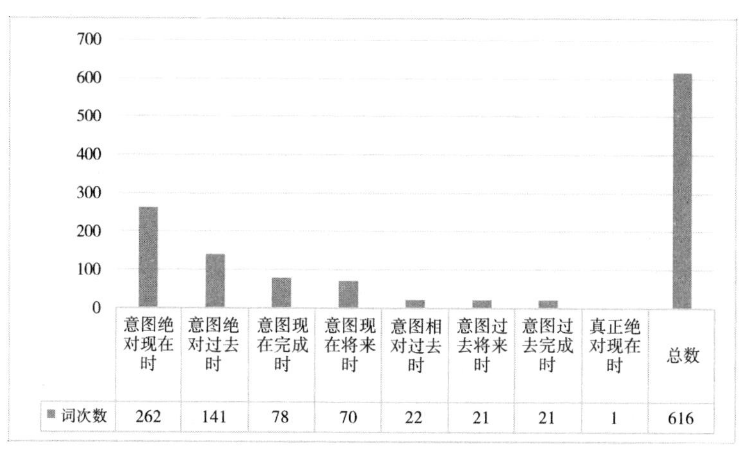

图 5.4 CPHBN 中时态不一致搭配中的从句动词词次数的分布

由图 5.4 可知，时态不一致的 616 例的搭配中，意图绝对现在时>意图绝对过去时>意图现在完成时>意图现在将来时>意图相对过去时>意图过去将来时=意图过去完成时>真正绝对现在时从句动词。除意图绝对过去时>意图现在完成时，意图相对过去时略大于意图过去将来时和意图过去完成时从句动词外，上述分布规律与从句动词的总体分布特征基本一致。

就词次数的显著性差异而言，意图绝对时的 4 种时态类型，分别为：意图绝对现在时、意图绝对过去时、意图现在完成时和意图现在将来时，均显著多于意图相对时的 3 种时态类型和真正绝对时态的 1 种时态类型，分别为：意图相对过去时（$p=0.000<0.05$）、意图过去将来时（$p=0.000<0.05$）、意图过去完成时（$p=0.000<0.05$）和真正绝对现

在时（$p=0.000<0.05$）。

对比郁伟伟（2021）的统计结果，在以下1种意图绝对时和3种意图相对时的从句动词时态中，公共卫生英语广播新闻语料库（CPHBN）显著多于翻译体英语广播新闻语料库（CTEBN），这4种时态类型分别是：意图现在完成时（$p=0.000<0.05$）、意图相对过去时（$p=0.000<0.05$）、意图过去完成时（$p=0.000<0.05$）和意图过去将来时（$p=0.000<0.05$）在以下2种时态类型上，CPHBN显著多于本族语者英语广播新闻语料库（CCEBN），这2种时态类型分别是：意图现在完成时（$p=0.000<0.05$）和意图过去完成时（$p=0.045<0.05$）。由此可见，CPHBN的时态不一致搭配中，以下2种时态的从句动词存在超用现象，这2种时态类型分别是：意图现在完成时和意图过去完成时。这或许和CPHBN的作者多把英语作为外语有关。

对CPHBN中不同时态从句动词的词次数分布情况的统计分析表明：①在词型数和词次数方面，意图绝对时的4种时态类型均显著多于意图相对时的3种时态类型和真正绝对时态的2种时态类型；②在时态不一致搭配中的从句动词的词次数上，意图现在完成时和意图过去完成时存在超用现象。

5.3 CPHBN中时态搭配分布情况对比

本节将首先分析CPHBN中不同时态报道动词和从句动词时态搭配的总体分布情况，然后进一步考察时态不一致搭配的分布特征。其中，只要“报道从句+从句动词”时态搭配中出现时态不一致现象，我们就将这一类“报道从句+从句动词”的搭配称为时态不一致搭配。

就不同时态搭配的总体分布而言，如图5.5所示。

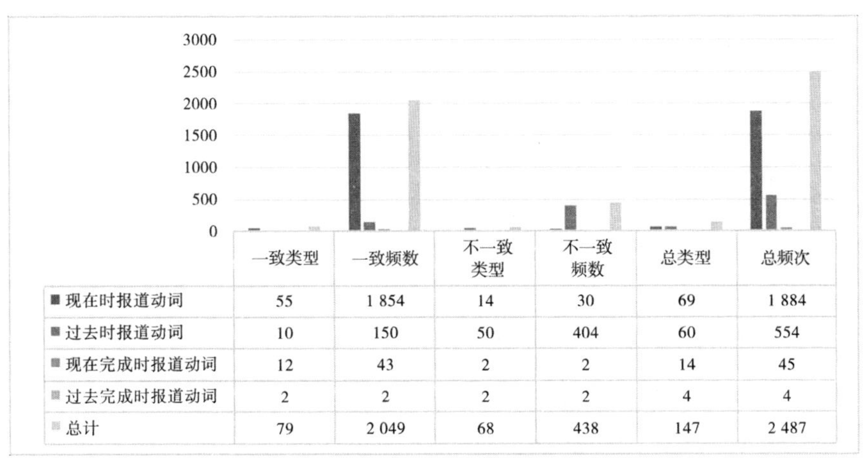

	一致类型	一致频数	不一致类型	不一致频数	总类型	总频次
现在时报道动词	55	1 854	14	30	69	1 884
过去时报道动词	10	150	50	404	60	554
现在完成时报道动词	12	43	2	2	14	45
过去完成时报道动词	2	2	2	2	4	4
总计	79	2 049	68	438	147	2 487

图 5.5 CPHBN 中的时态搭配类型的分布

根据图 5.5，不同时态的搭配共有 147 种搭配类型，总计 2 487 频次。其中，时态一致搭配共 79 种搭配类型，2 049 频次；时态不一致搭配共 68 种搭配类型，438 频次。二者在频次（$p=0.000<0.05$）上存在显著差异。鉴于篇幅有限，图 5.6 仅显示了在 CPHBN 中，搭配频次大于或等于 10 次的时态搭配类型，共计 26 种，2 198 频次，占总数的 88.3%。

本文沿用郁伟伟（2021）的时态不一致搭配分类，分别为：过去时、过去完成时和过去将来时报道动词分别与意图绝对时（包括意图绝对过去时、意图现在完成时、意图绝对现在时、意图现在将来时）、意图绝对相对时（意图现在将来完成时）、真正绝对时（真正绝对现在时、真正现在完成时、真正现在将来时）、真正相对时（真正过去将来时）和真正绝对相对时（真正现在将来完成时）从句动词搭配，以及现在时、现在完成时和现在将来时报道动词分别与意图相对时（意图过去完成时、意图相对过去时、意图过去将来时、意图过去将来完成时）从句动词搭配。

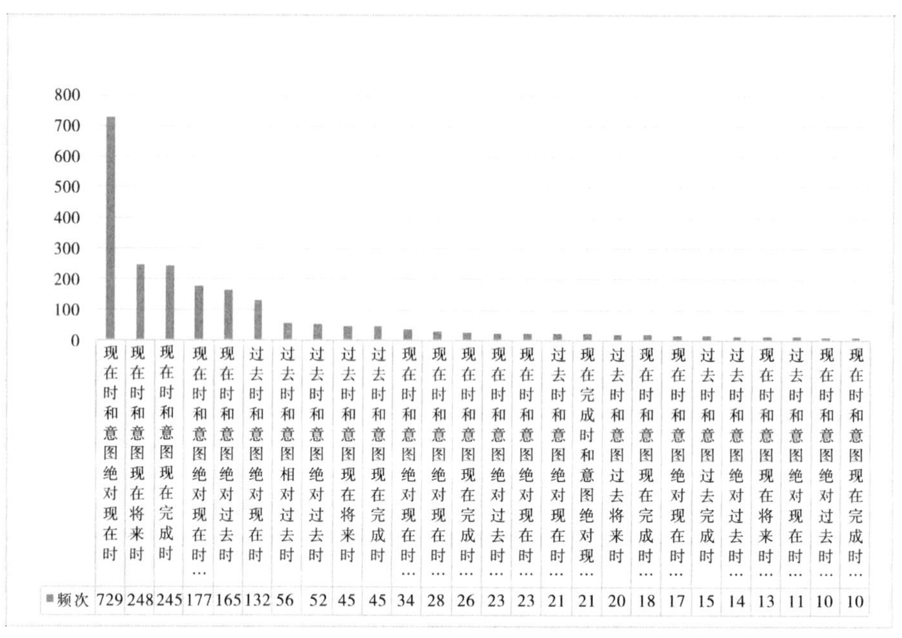

图 5.6　CPHBN 中的时态搭配类型的分布

由图 5.6 可知，首先，就搭配的频次总数而言，CPHBN 中频次按由高到低依次为：现在时报道动词分别和 5 种意图绝对时的搭配，均为时态一致搭配，分别为：意图绝对现在时、意图现在将来时、意图现在完成时、意图绝对现在时+意图绝对现在时、意图绝对过去时；过去时报道动词分别和 4 种意图绝对时（时态不一致）、1 种意图相对时搭配，分别为：意图绝对现在时、意图相对过去时、意图绝对过去时、意图现在将来时、意图现在完成时；现在时分别和 5 种意图绝对时的搭配，均为时态一致搭配，分别为：意图绝对现在时+意图现在将来时、意图绝对现在时+意图现在完成时、意图现在完成时+意图绝对现在时、意图绝对过去时+意图绝对过去时、意图绝对现在时+意图绝对过去时；过去时和意图绝对现在时+意图绝对现在时（时态不一致）搭配；现在完成时和意图绝对现在时搭配；过去时和意图过去将来时搭配；现在时分别和：意图现在完成时+意图现在完成时、意图绝对现在时+意图绝对现在时+意图绝对现在时搭配；过去时分别和：意图过去完成时、意图绝对过去时+意图绝对过去时（时态不一致）搭配；现在时和意图现在将来时+意图绝对现在时搭配；过去时和意图绝对现在时+意图绝对过去时（时态不一致）搭配；现在时分别和：意图绝对过去时+意图绝对现在时、意图现在完成时+意图绝对过去时搭配。

上述统计分析表明，就时态总体搭配类型数和频次而言：①时态一致的搭配类型明显多于时态不一致搭配，在频次上更为显著；②现在时报道动词与意图绝对时从句动词搭配的类型数为 55，频次为 1 854，显著多于其他搭配；③从句动词之间存在多种搭配组合，尤其以意图绝对时搭配意图绝对时为主。

接下来考察 CPHBN 中的时态不一致搭配类型的分布，如前所述，时态不一致搭配共 68 种搭配类型，438 频次。由于篇幅有限，图 5.7 仅显示频次大于等于 3 次的前 19 种搭配类型，累计频次有 375 次，占总数的 85.6%。

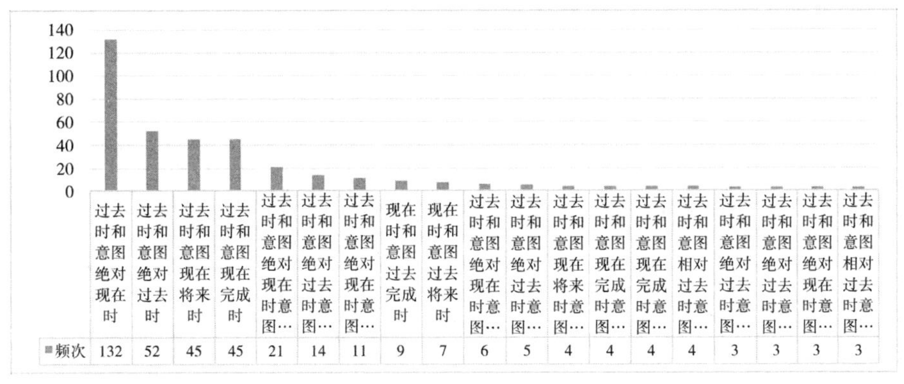

图 5.7 CPHBN 中的时态不一致搭配类型的分布

根据图 5.7 的统计分析，首先，按照搭配类型数从高到低排列，CPHBN 中过去时报道动词与意图绝对时搭配的组合居首，包括意图绝对现在时、意图绝对过去时、意图现在将来时、意图现在完成时、意图绝对现在时+意图绝对现在时、意图绝对过去时+意图绝对过去时、意图绝对现在时+意图绝对过去时。其次，现在时报道动词与意图相对时搭配，包括意图过去完成时、意图过去将来时。再次，过去时报道动词与意图绝对时搭配，包括意图绝对现在时+意图现在将来时、意图绝对过去时+意图绝对过去时+意图绝对过去时、意图现在将来时+意图绝对现在时、意图现在完成时+意图绝对现在时、意图现在完成时+意图现在完成时、意图相对过去时+意图绝对现在时、意图绝对过去时+意图过去完成时、意图绝对过去时+意图现在将来时、意图绝对现在时+意图现在完成时和意图相对过去时+意图绝对过去时。

上述分析表明，关于时态不一致搭配类型数和频次：①过去时报道动词与意图绝对时从句动词的组合数量较多，超过现在时报道动词的组合数量。②意图绝对时从句动词的数量多于意图相对时从句动词，并且存在多种组合，尤其以意图绝对时搭配意图绝对时为主。

本章主要讨论了公共卫生广播新闻语料库中时态的分布特征，具体从词型数和词次数的分布情况上对不同时态报道动词、从句动词进行了对比。此外，从搭配类型数和搭配频次两个方面对时态一致和不一致搭配的分布情况进行了对比。研究还探讨了语料库在时态一致和不一致搭配分布情况上的量化特征。在第 6 章中，研究重点将从分布情况转移到人际功能层面，对语料库中报道动词和从句动词的介入资源及其与时态的互动情况进行分析。

6　介入资源的分布特征

上一章总结了 CPHBN 中间接引语的时态分布特征。本章将从三个方面讨论其人际功能，主要应用评价理论的“介入系统”（Martin and White，2005）。通过从扩展资源和收缩资源两个维度分析报道动词、从句动词以及二者搭配所构成的介入资源的分布特征，进而总结介入资源及搭配所实现的人际功能。

图 6.1 列出了 CPHBN 中不同类型的报道动词和从句动词表达的介入资源出现的频次。

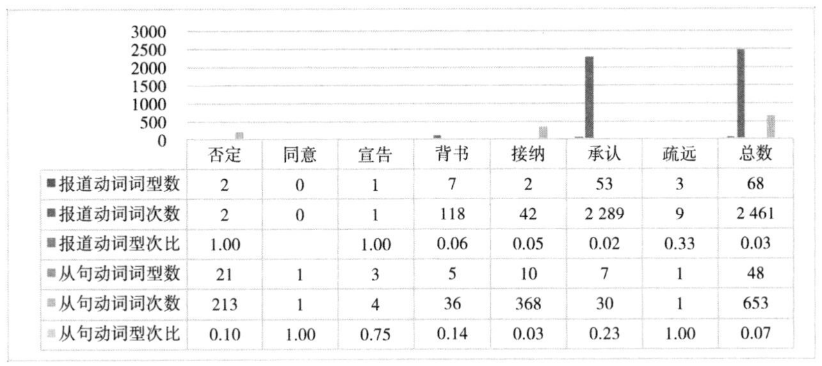

	否定	同意	宣告	背书	接纳	承认	疏远	总数
■报道动词词型数	2	0	1	7	2	53	3	68
■报道动词词次数	2	0	1	118	42	2 289	9	2 461
■报道动词型次比	1.00		1.00	0.06	0.05	0.02	0.33	0.03
■从句动词词型数	21	1	3	5	10	7	1	48
■从句动词词次数	213	1	4	36	368	30	1	653
■从句动词型次比	0.10	1.00	0.75	0.14	0.03	0.23	1.00	0.07

图 6.1　CPHBN 中的不同介入资源的报道动词和从句动词的词型和词次

根据图 6.1，按照报道动词的词型数，不同介入资源由高到低依次为：承认>背书>疏远>接纳=否定>同意；而报道动词的词次数，由高到低依次为：承认>背书>接纳>疏远>否定>同意；按照从句动词的词型数，不同介入资源由高到低依次为：否定>接纳>承认>背书>宣告>疏远=同意；而从句动词的词次数，由高到低依次为：接纳>否定>背书>承认>宣告>疏远=同意。

就报道动词的显著性差异而言，无论是词型数还是词次数上，对话扩展资源中的承认资源显著多于其他资源（$p=0.000<0.05$）。在词次数上，对话收缩中的背书资源显著多于接纳、疏远、否定和同意资源（$p=0.000<0.05$）；对话扩展资源中的接纳资源显著多于疏远、否定和同意资源（$p=0.000<0.05$）；对话扩展资源中的疏远资源显著多于否定（$p=0.028<0.05$）和同意资源（$p=0.007<0.05$）。

就从句动词的显著性差异而言，在词型数上，对话收缩中的否定资源显著多于接纳（$p=0.046<0.05$）、承认（$p=0.007<0.05$）、背书（$p=0.001<0.05$）、宣告（$p=0.000<0.05$）、同意（$p=0.000<0.05$）和疏远（$p=0.000<0.05$）资源；在词次数上，对话扩展中的接纳资源和对话收缩中的否定资源分别显著多于背书、承认、疏远和同意资源（$p=0.000<0.05$）；对话收缩中的背书资源和对话扩展中的承认资源分别显著多于宣告、疏远和同意资源（$p=0.000<0.05$）。

由此可见，报道动词和从句动词的介入资源在词型分布存在一定异同，二者在词次数上和报道动词的词型数上，都以对话扩展中的接纳资源为主；但在词型数上，从句动词以对话收缩中的否定资源为主。这表明，报道者或记者倾向于开放对话空间，承认可能存在的反对意见；而被报道者倾向于直接表明反对意见。

接下来，我们将按照出现频次的排序分析介入资源与时态分布的共现关系，具体分析如下。

6.1 扩展资源与人际意义构建

在本节中，我们将讨论 CPHBN 中的报道动词和从句动词中的扩展资源以及这些扩展资源所表达的人际意义。扩展资源主要分为归属和接纳，而归属进一步分为承认和疏远。

6.1.1 归属：承认；疏远

归属通过将命题表示为植根于外部声音的主观性，文本的语态将命题表示为一系列可能立场之一，因此它接受或引用多余。归属包括承认（acknowledge）和疏远（distance），都属于对话扩展资源，它们通过引用被报道者的方式来扩大与潜在虚拟读者的对话空间。承认指没有明显的立场或价值判断的情形，承认资源允许写作者保持在与对齐（alignment）和偏离（disalignment）的任何关系中都保持超然，向读者呈现出一种“相对无人称的”（impersonalized）或“中立”（impartial）的场景（Martin and White，2005：115）。这些资源包括表示言语行为的动词（如 *say*、*state*、*stress*、*admit*、*warn* 等）以及表示心理活动的动词（如 *think*、*believe*、*hope*、*understand*、*worry*、*doubt*、*wish* 等）。另一方面，疏远资源使用动词如 *claim*、*mislead*、*allege* 等。

在 CPHBN 中，就报道动词和从句动词而言，其介入资源的时态分布如图 6.2 和图 6.3 所示。

	现在时报道动词	过去时报道动词	现在完成时报道动词	过去完成时报道动词
承认	1 764	472	44	4
疏远	6	2	1	
接纳	33	9	2	
背书	85	27	5	

图 6.2　CPHBN 中的报道动词的介入资源的时态分布

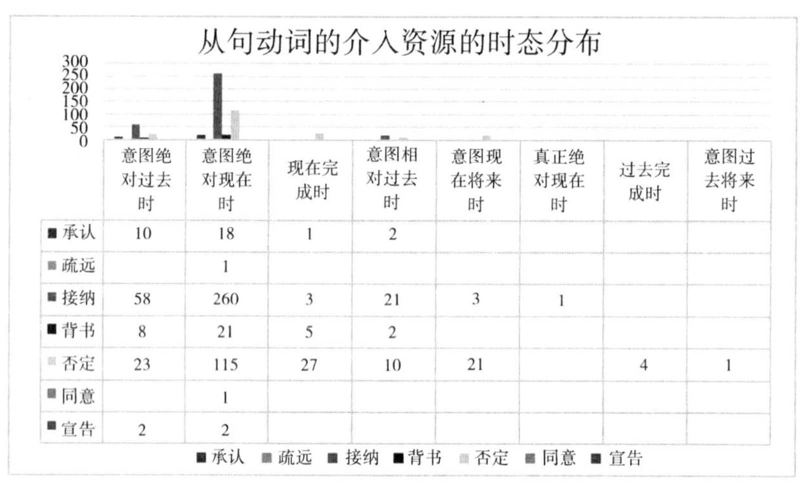

	意图绝对过去时	意图绝对现在时	现在完成时	意图相对过去时	意图现在将来时	真正绝对现在时	过去完成时	意图过去将来时
承认	10	18	1	2				
疏远		1						
接纳	58	260	3	21	3	1		
背书	8	21	5	2				
否定	23	115	27	10	21		4	1
同意		1						
宣告	2	2						

图 6.3　CPHBN 中的从句动词的介入资源的时态分布

如图 6.2，在 CPHBN 中，就报道动词和从句动词而言，其承认资源的时态分布如下。首先，对于报道动词，现在时报道动词的承认资源有 1 764 例，过去时报道资源有 472 例，现在完成时和过去完成时分别有44例和4例。如图6.3，对于从句动词承认资源的时态分布，意图绝对现在时最多，共有18例；意图绝对过去时，共有10例；意图相对过去时有2例，意图现在完成时仅有1例。

在CPHBN中，就报道动词和从句动词而言，其疏远资源的时态分布如下。首先，对于报道动词，在CPHBN中的现在时、现在完成时和过去时报道动词中分别出现6例、1例和2例疏远资源。其次，从句动词疏远资源仅有1例，为意图绝对现在时。

对公共卫生广播新闻语料库中不同时态的报道动词和从句动词承认资源的分析表明，在报道动词方面，常用现在时报道动词来开启对话空间，以证明外部声音的可靠性。此外，报道者倾向于采用现在时来报道过去发生的事件，以便营造现场感。在从句动词的时态分布方面，不论是承认资源还是疏远资源，意图绝对现在时是最常见的时态。

6.1.2 接纳

接纳是对话扩展资源的一种，通过明确将命题呈现为基于其自身的偶然、个体主观性，作者的声音将命题表示为一系列可能立场之一，因此它接纳或激发这些对话性的其他表述。接纳呈现说话者/写作者的内在声音作为信息源，表达接纳的方式包括使用情态动词、表示可能性的名词、形容词和副词等。

在CPHBN中，报道动词和从句动词的接纳资源的时态分布有一些不同。就报道动词而言，现在时报道动词的接纳资源最多，有33例，过去时报道动词的接纳资源为9例，现在完成时的接纳资源为2例。而在从句动词方面，意图绝对时是接纳资源最多的，共有260例，其次是意图绝对过去时（58例）、意图相对过去时（21例），而意图现在完成时和意图现在将来时各有3例，真正绝对现在时仅有1例。

总体来看，在CPHBN中，接纳资源主要出现在现在时报道动词和意图绝对时从句动词中（包括意图绝对现在时、意图绝对过去时、意图现在完成时和意图现在将来时）。此外，意图相对时只在意图相对过去时的从句动词中出现。这表明报道者倾向于保留被报道者原有的时态，以在表述中保持一定的距离，避免承担相应的责任。

6.2 收缩资源与人际意义构建

在这一部分，我们将探讨 CPHBN 中报道动词和从句动词所使用的收缩资源（参见图 6.1），以及这些资源所传达的人际意义。这些收缩资源主要分为两类，即公告和否认。前者包括背书、同意和宣告，通常用于表达对某观点的认同或正式宣布；而后者则包括否定和反对，用于否认某一观点的真实性或表示对某观点的强烈反对。

6.2.1 公告：背书

在 CPHBN 中，就报道动词和从句动词而言，现在时报道动词的背书资源有 85 例，过去时报道动词的背书资源共有 27 例，现在完成时报道动词的背书资源有 5 例。此外，对于从句动词，意图绝对现在时共有 21 例，意图绝对过去时共有 8 例，意图现在完成时共有 5 例，意图相对过去时共有 2 例。

上述统计分析显示，在 CPHBN 中，现在时报道动词的使用反映了报道者对命题内容的认同，而意图绝对现在时的从句动词则表达了被报道者对命题内容的支持和肯定。

6.2.2 否认：否定；反对

在 CPHBN 中，报道动词的否定资源数量仅有 3 例。其中，现在时报道动词有 2 例，过去时报道动词有 1 例。从句动词的否定资源有 201 例，其中意图绝对现在时共有 115 例，意图现在完成时共有 27 例，意图绝对过去时共有 23 例，意图现在将来时共有 21 例，意图相对过去时共有 10 例，意图过去完成时共有 4 例，意图过去将来时仅有 1 例。

上述统计分析表明，CPHBN 中的现在时报道动词承载了报道者的否定和反对立场，而意图绝对现在时等意图绝对时态从句动词主要承担了被报道者的否定立场。

6.3　介入资源搭配与人际意义构建

本节对比分析 CPHBN 中报道动词和从句动词在不同时态搭配中所表达的介入资源的分布差异，以及这些差异所承载的不同人际功能。值得说明的是，在本文中，我们使用中括号分隔报道动词和从句动词表达的介入资源，中间用“+”连接。例如，如果报道动词是 *claimed*（主张，声称），属于典型的疏远资源，而从句动词是 *seems*（似乎），属于典型的接纳资源，则其介入资源搭配表示为［疏远］+［接纳］。

从前文的讨论可知，介入资源分为对话扩展和对话收缩两个大类，这意味着报道动词和从句动词均可表达这两种资源。根据这一分类，介入资源的搭配理论上存在四大类型，分别是：［对话扩展］+［对话扩展］、［对话扩展］+［对话收缩］、［对话收缩］+［对话扩展］，以及［对话收缩］+［对话收缩］。

接下来，我们将结合上述两种分类方法，分析 CPHBN 中介入资源搭配的时态分布差异，并揭示这些差异所表达的不同人际功能。

6.3.1 ［对话扩展］+［对话扩展］

在这一部分，我们考察报道者采用对话扩展资源，同时被报道者也采用对话扩展资源的情况。对话扩展资源包括承认、疏远和接纳，而在语料库中，仅出现了四种搭配：［承认］+［承认］、［承认］+［接纳］、［接纳］+［接纳］、［疏远］+［接纳］。接下来，我们将逐一讨论这四种介入搭配在 CPHBN 中的分布以及这些差异所承载的不同人际功能。

［承认］+［承认］搭配共出现 28 次，其中 22 例为现在时报道动词引导，6 例为过去时报道动词引导。在现在时报道动词与意图绝对时的 22 例搭配中，21 例为意图绝对现在时，1 例为意图现在完成时。过去时报道动词分别与意图绝对时搭配共有 4 例，分别为：意图绝对过去时（1 例）、意图绝对现在时（3 例）；与意图相对过去时搭配共有 2 例。

［承认］+［接纳］搭配共出现 314 例，其中现在时报道动词引导的搭配共 254 例，包括：意图绝对现在时（207 例）、意图绝对过去时（41 例）、意图现在将来时（3 例）、意图现在完成时（2 例）、意图相对过去时（1 例）；过去时报道动词引导的搭配共 63 例，包括：意图绝对现在时（39 例）、意图相对过去时（18 例）、意图绝对过去时（6 例）；现在完成时报道动词与意图绝对时搭配（8 例），包括意图绝对现在时（7 例）、意图绝对过去时（1 例）；过去完成时报道动词与意图绝对现在时（1 例）。

［接纳］+［接纳］搭配共有 15 例，其中 11 例为现在时报道动词引导，4 例为过去时报道动词引导。现在时报道动词与意图绝对时搭配，分别为：意图绝对现在时（6 例）、意图绝对过去时（4 例）、意图绝对现在时+意图绝对现在时（1 例）。过去时报道动词引导的搭配，分

别为：意图绝对现在时（3 例）、意图相对过去时（1 例）。

［疏远］+［接纳］搭配共有 2 例，分别为现在时报道动词分别和意图绝对过去时、意图绝对现在时搭配。

上述统计分析表明，在 CPHBN 中：①［对话扩展］+［对话扩展］资源搭配的类型中，［承认］+［接纳］资源搭配数量最多，其次为［承认］+［承认］、［接纳］+［接纳］、［疏远］+［接纳］类型最少；②就时态的使用而言，报道者和被报道者倾向使用现在时和过去时报道动词分别与意图绝对时搭配，较少使用意图相对时。

6.3.2 ［对话扩展］+［对话收缩］

在 CPHBN 中，［对话扩展］+［对话收缩］的五种介入搭配包括：［承认］+［否定］、［承认］+［同意］、［承认］+［背书］、［接纳］+［否定］、［疏远］+［否定］。对这些搭配的分布差异及其所表达的人际功能进行了考察。

［承认］+［否定］搭配共有 186 例。其中，现在时报道动词与意图绝对现在时引导的搭配最多，有 131 例，分别为：意图绝对现在时（79 例）、意图现在完成时（22 例）、意图现在将来时（16 例）、意图绝对过去时（14 例）。过去时报道动词引导的搭配有 43 例，分别为：意图绝对现在时（22 例）、意图绝对过去时（6 例）、意图现在完成时（3 例）、意图现在将来时（3 例）、意图相对过去时（6 例）及意图过去完成时（3 例）。现在完成时报道动词引导的搭配有 11 例，分别为：意图绝对现在时（10 例）、意图现在将来时（1 例）。过去完成时报道动词与意图过去将来时搭配有 1 例。

［承认］+［同意］仅有 1 例，为现在时报道动词与意图现在完成时搭配。

［承认］+［背书］的搭配共有 33 例。其中，现在时报道动词与意

图绝对时的搭配最多，有 27 例，分别为：意图绝对过去时（3 例）、意图绝对现在时（17 例）、意图现在完成时（7 例）。过去时报道动词引导的有 5 例，时态分别为：意图绝对现在时（2 例）、意图相对过去时（2 例）、意图绝对过去时（1 例）。现在完成时报道动词引导的搭配有 1 例，为意图绝对现在时。

[接纳] + [否定] 的搭配有 3 例，分别为：现在时报道动词与意图绝对现在时、意图绝对过去时和意图现在将来时搭配。

[疏远] + [否定] 的搭配有 1 例，为过去时报道动词与意图相对过去时搭配。

上述对 CPHBN 中，时态搭配与 [对话扩展] + [对话收缩] 的共现关系的研究表明：① [承认] + [否定] 搭配的数量最多，其次是 [承认] + [背书]、[接纳] + [否定]，最少的是 [承认] + [同意] 和 [疏远] + [否定]；②就时态分布而言，以现在时或过去时报道动词与意图绝对时的搭配为主。

6.3.3 [对话收缩] + [对话扩展]

在 CPHBN 中，[对话收缩] + [对话扩展] 资源的搭配类型共有三种：[背书] + [承认]、[背书] + [接纳]、[背书] + [疏远]。以下逐一讨论这三种介入搭配在 CPHBN 中的分布情况及功能。

[背书] + [承认] 在语料库中仅出现 1 例，为现在时报道动词与意图绝对现在时搭配。

[背书] + [接纳] 共出现 15 例。其中，现在时报道动词引导的有 11 例，分别为：意图绝对过去时（5 例）、意图绝对现在时（5 例）、真正绝对现在时（1 例）；过去时报道动词引导的有 3 例，均为意图绝对现在时；现在完成时报道动词引导的有 1 例，为意图绝对现在时。

[背书] + [疏远] 仅出现 1 例，为现在时报道动词引导的，从句

动词为意图绝对现在时。

以上研究发现：①CPHBN 在［对话收缩］+［对话扩展］资源的总体使用上偏少，仅有三种，其中使用相对较高的是［背书］+［接纳］，使用偏少的是［背书］+［承认］和［背书］+［疏远］。这表明报道者的报道相对较为保守，避免承担责任，对于被报道者开放对话空间的命题给予明确支持；②时态分布仍以现在时报道动词与意图绝对时的搭配为主。

6.3.4 ［对话收缩］+［对话收缩］

在 CPHBN 中，［对话收缩］+［对话收缩］的介入搭配仅出现 1 种：［背书］+［否定］。接下来将逐一讨论在 CPHBN 中这种介入搭配的分布差异及该差异所承载的人际功能。

［背书］+［否定］在语料库中共出现了 11 次，其中过去时报道动词引导的共有 10 例，从句动词时态分别为：意图绝对现在时（4 例）、意图绝对过去时（2 例）、意图相对过去时（3 例）、意图过去完成时（1 例）；现在时报道动词引导的仅有 1 例，为意图绝对现在时。

以上研究发现：CPHBN 在［对话收缩］+［对话收缩］资源的使用上，搭配类型较少，仅有一种搭配，表明报道者赞成被报道者的否定命题的情况较少，报道者希望表明中立客观的立场，争取潜在读者的支持。时态类型以过去时报道动词引导的，从句动词为意图绝对时和意图相对时居多，现在时报道动词较少，仅 1 例。这表明报道者倾向于将被报道者的命题标记为发生在过去，以拉开与命题的距离，避免承担相应责任。

本章着重讨论了介入资源搭配的时态分布差异及该差异所承载的人际功能。在公共卫生广播新闻语料库中，分别对比了报道动词、从句动词的扩展资源、收缩资源在不同时态中的分布差异及该差异所表达的人际功能。此外，我们还分析了介入资源搭配在不同时态中的分布差异，并对其所承载的人际功能进行了深入的研究。在第 7 章中，我们将研究被报道者的角色，考察其与时态和介入资源的互动分布及其背后可能的原因。

7　被报道者身份的分布特征及与时态和介入资源的互动

第 6 章讨论了时态的介入资源搭配及功能，在本章，我们将探讨被报道者的身份分布，以及被报道者在时态和介入资源方面的共现特征。

7.1　被报道者身份的分布特征

本节将研究在 CPHBN 中五类被报道者身份的分布，包括政治人物、政府、国家和超国家机构（Politicians, government, national and supra-national institutions，简称 PolGov），（医疗）专家和科学家［（Health）Experts and scientists，简称 HeaSci］，其他精英、家喻户晓人物及公司（Other elites, household names and companies，简称 OthEli/HouNam），普通人（Ordinary people by names，简称 OrdPeoNam），泛指（Role/General labels，简称 Rol/GenLab），地缘或文化上与读者相近（Geographically or culturally close to the target readers，简称 PlaCloRea），如图 7.1。

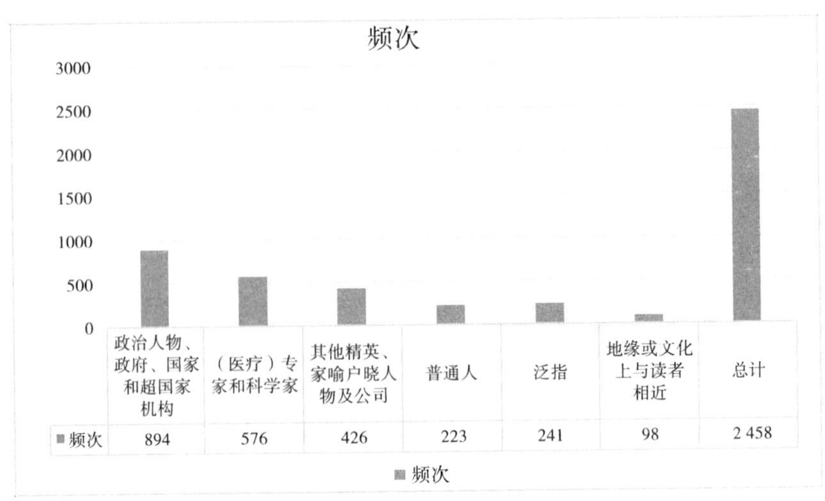

图 7.1　CPHBN 中被报道者身份的分布

根据图 7.1，可以观察到在 CPHBN 中按照出现频次由高到低的顺序依次为：政治人物、政府、国家和超国家机构 >（医疗）专家和科学家 > 其他精英、家喻户晓人物及公司 > 泛指 > 普通人 > 地缘或文化上与读者相近。在这些类别中，除了 Rol/GenLab 和 OrdPeoNam 之间无显著差异外，其他两两之间均存在显著差异（$p = 0.000 < 0.05$）。由此可见，新闻报道更倾向于选择引用具体的权威人士的观点和态度，而对于普通人、泛指以及国家地点的具体名称的使用显著减少。

7.2　被报道者身份与时态的互动

在本节中，我们将探讨被报道者的身份与时态之间的共现规律，包括三个方面：与报道动词、从句动词、时态搭配的互动。

7.2.1 政治人物、政府、国家和超国家机构的时态分布

本小节首先讨论政治人物、政府、国家和超国家机构与报道动词和从句动词时态的互动，如图 7.2、图 7.3 所示。

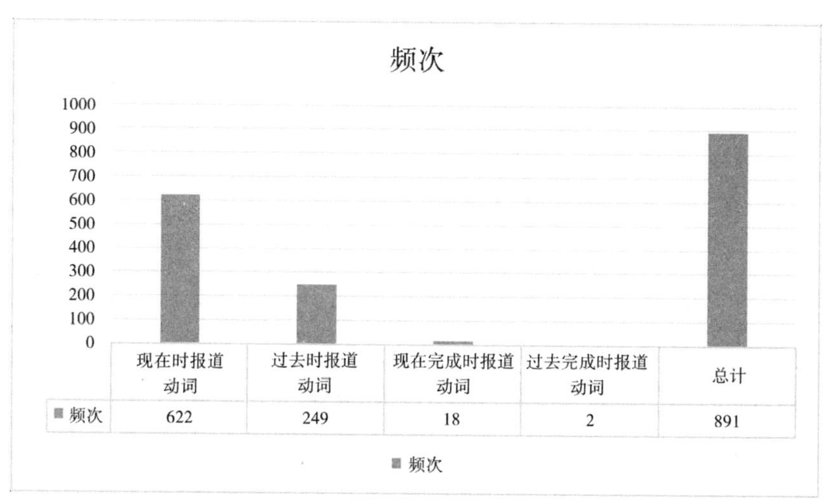

图 7.2 CPHBN 中与 PolGov 搭配的报道动词的时态分布

根据图 7.2，在与政治人物、政府、国家和超国家机构（PolGov）搭配的报道动词中，按照频次从高到低依次是：现在时报道动词 > 过去时报道动词 > 现在完成时报道动词 > 过去完成时报道动词。具体而言，现在时报道动词的搭配频次最高，达到 622 例；其次是过去时报道动词，共有 249 例；然后是现在完成时报道动词，有 18 例；最后是过去完成时报道动词，共有 2 例。这些频次之间存在显著差异（$p = 0.000 < 0.05$），反映了在政治报道中，更强调当前时事和政治决策的实时性。

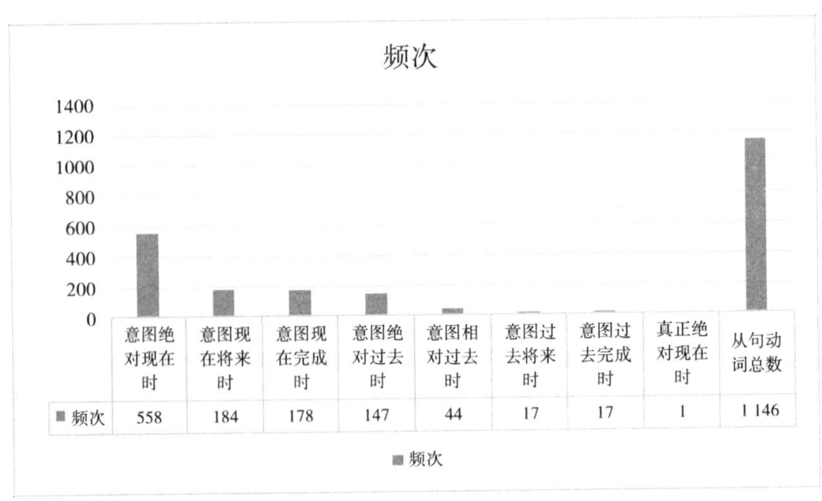

图 7.3　CPHBN 中 PolGov 搭配的从句动词的时态分布

根据图 7.3，与政治人物、政府、国家和超国家机构（PolGov）搭配的从句动词，按照频次从高到低依次是：意图绝对现在时 > 意图现在将来时 > 意图现在完成时 > 意图绝对过去时 > 意图相对过去时 > 意图过去将来时 > 意图过去完成时 > 真正绝对现在时。具体而言，与意图绝对现在时搭配的频次显著大于其他从句时态频次（$p=0.000<0.05$）；与意图现在将来时显著大于意图绝对过去时（$p=0.042<0.05$）、意图相对过去时（$p=0.000<0.05$）、意图过去将来时（$p=0.000<0.05$）、意图过去完成时（$p=0.000<0.05$）及真正绝对现在时（$p=0.000<0.05$）；与意图现在完成时、意图绝对过去时的搭配的频次显著大于意图相对过去时（$p=0.000<0.05$）；与意图现在完成时、意图绝对过去时、意图相对过去时的搭配的频次显著大于意图过去将来时（$p=0.000<0.05$）、意图过去完成时（$p=0.000<0.05$）及真正绝对现在时（$p=0.000<0.05$）。

就政治人物、政府、国家和超国家机构与报道动词和从句动词时态搭配的分布而言，过去完成时报道动词分别与相对过去时（2 例）、意图绝对现在时（1 例）搭配；过去时报道动词分别与意图绝对现在时（121 例）、意图绝对过去时（45 例）、意图现在将来时（49 例）、意图过去将来时（11 例）、意图过去完成时（14 例）、意图相对过去时（37 例）；现在完成时报道动词分别与意图绝对现在时（15 例）、意图现在将来时（7 例）及意图现在完成时（1 例）搭配；现在时报道动词分别与意图绝对现在时（420 例）、意图绝对过去时（102 例）、意图现在完成时（139 例）、意图现在将来时（128 例）、意图过去将来时（6 例）、意图过去完成时（5 例）、真正绝对现在时（1 例）搭配。

这表明，①与政治人物、政府、国家和超国家机构搭配的报道动词类型较少，仅有四种，其中现在时报道动词的搭配频次最高，其次是过去时报道动词，较少与现在完成时和过去完成时报道动词搭配；②从句动词主要为意图绝对时态，包括意图绝对现在时、意图现在将来时、意图现在完成时和意图绝对过去时，而意图相对时态相对较少。这可能与新闻报道追求时效性、新近性有关。同时，表明政治人物、政府、国家和超国家机构所表达的内容具有权威性，不受报道时间的限制，容易受到潜在虚拟读者的接受。

7.2.2 （医疗）专家和科学家的时态分布

本小节将讨论（医疗）专家和科学家与报道动词和从句动词的互动，如图 7.4 和图 7.5 所示。

根据图 7.4，与（医疗）专家和科学家搭配的报道动词主要有三种时态，按照频次从高到低，依次是：现在时报道动词>过去时报道动词>现在完成时报道动词。其中现在时报道动词显著多于过去时报道动词（$p=0.000<0.05$）和现在完成时报道动词（$p=0.000<0.05$），过去时报道动词显著多于现在完成时报道动词（$p=0.000<0.05$）。

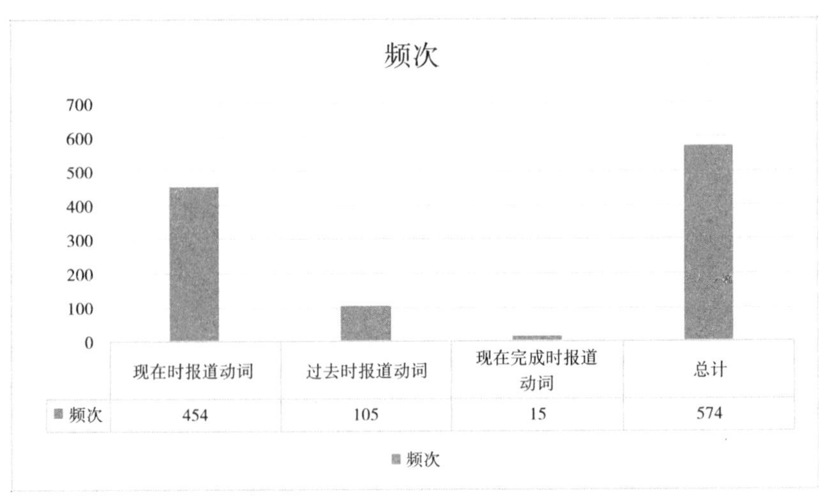

图 7.4 CPHBN 中与 HeaSci 搭配的报道动词的时态分布

根据图 7.5，与（医疗）专家和科学家搭配的从句动词主要有八种时态，按照频次从高到低，依次是：意图绝对现在时>意图现在完成时>意图绝对过去时>意图现在将来时>意图相对过去时>意图过去将来时>意图过去完成时>真正绝对现在时。其中，与意图绝对现在时搭配的频次显著大于其他的从句时态频次（$p=0.000<0.05$）；与意图现在完成时搭配的频次显著大于意图现在将来时（$p=0.009<0.05$）；与意图绝对过去时搭配的频次显著大于意图现在将来时（$p=0.013<0.05$）；与意图现在完成时、意图绝对过去时、意图现在将来时、意图相对过去时的搭配显著大于意图过去将来时（$p=0.000<0.05$）、意图过去完成时（$p=0.000<0.05$）及真正绝对现在时（$p=0.000<0.05$）。

关于（医疗）专家和科学家与报道动词和从句动词时态搭配的分布情况，过去时报道动词分别与意图绝对现在时（56 例）、意图绝对过去时（45 例）、意图现在完成时（12 例）、意图现在将来时（7 例）、意图过去将来时（3 例）、意图过去完成时（4 例）、意图相对过去时

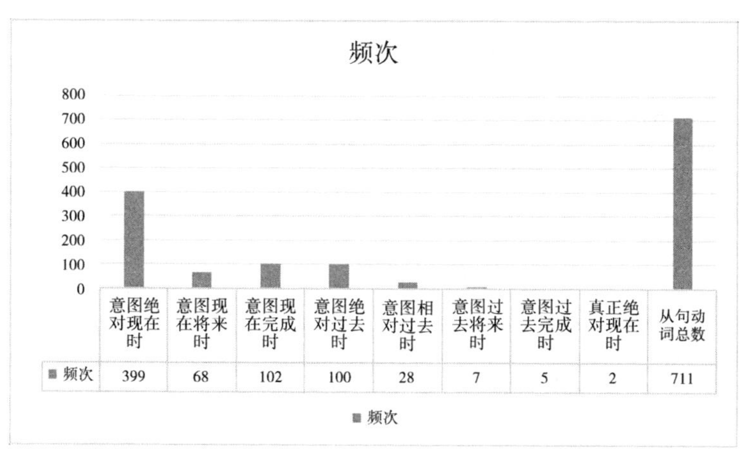

图 7.5 CPHBN 中与 HeaSci 搭配的从句动词的时态分布

（28 例）；现在完成时报道动词分别与意图绝对现在时（12 例）、意图过去将来时（1 例）及意图现在完成时（1 例）搭配；现在时报道动词分别与意图绝对现在时（331 例）、意图绝对过去时（55 例）、意图现在完成时（89 例）、意图现在将来时（61 例）、意图过去将来时（3 例）、意图过去完成时（1 例）、真正绝对现在时（2 例）搭配。

从这些数据可以看出，①与政治人物、政府、国家和超国家机构相似，（医疗）专家和科学家与报道动词搭配的类型较少，仅有三种，主要以与现在时报道动词搭配为主，其次是过去时报道动词搭配，较少与现在完成时报道动词搭配；②从句动词同样以意图绝对时态为主，而意图相对时态相对较少。与政治人物、政府、国家和超国家机构相比，意图现在完成时、意图绝对过去时稍多于意图现在将来时。这表明，当引用的消息来源为权威人物或机构时，报道动词更倾向于使用现在时报道动词，而从句动词更倾向于使用意图绝对时态，以增强报道的现实感。

7.2.3 其他精英、家喻户晓人物及公司的时态分布

本小节将讨论其他精英、家喻户晓人物及公司与报道动词和从句动词的互动，如图 7.6 和图 7.7 所示。

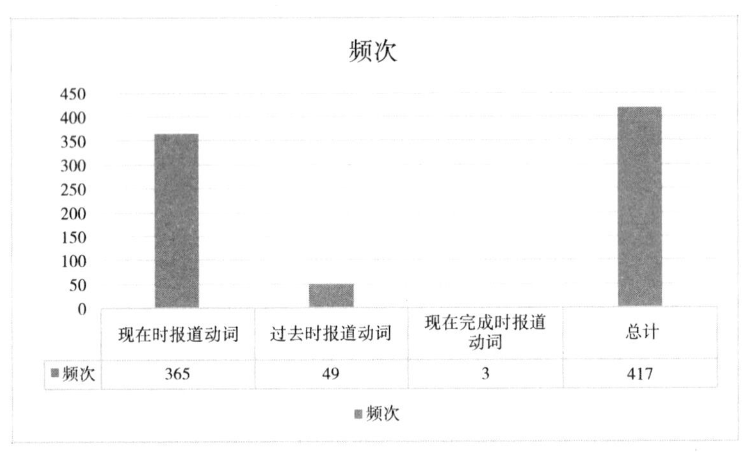

图 7.6 CPHBN 中与 OthEli/HouNam 搭配的报道动词的时态分布

根据图 7.6，与其他精英、家喻户晓人物及公司搭配的报道动词主要有 3 种时态，按照频次从高到低，依次是：现在时报道动词>过去时报道动词>现在完成时报道动词。其中现在时报道动词显著多于过去时报道动词（$p=0.000<0.05$）和现在完成时报道动词（$p=0.000<0.05$），过去时报道动词显著多于现在完成时报道动词（$p=0.000<0.05$）。

根据图 7.7，与其他精英、家喻户晓人物及公司搭配的从句动词主要有 8 种时态，按照频次从高到低，依次是：意图绝对现在时>意图绝对过去时>意图现在完成时>意图现在将来时>意图过去完成时>意图相对过去时>意图过去将来时>真正绝对现在时。其中，与意图绝对现在时搭配的频次显著大于其他的从句时态频次（$p=0.000<0.05$）；与意

图绝对过去时搭配的频次显著大于意图现在将来时（$p=0.000<0.05$）；与意图绝对过去时、意图现在完成时、意图现在将来时搭配的频次显著大于意图过去完成时（$p=0.000<0.05$）、意图相对过去时、意图过去将来时（$p=0.000<0.05$）及真正绝对现在时（$p=0.000<0.05$）；与意图过去完成时（$p=0.024<0.05$）、意图相对过去时（$p=0.047<0.05$）的搭配显著大于真正绝对现在时。

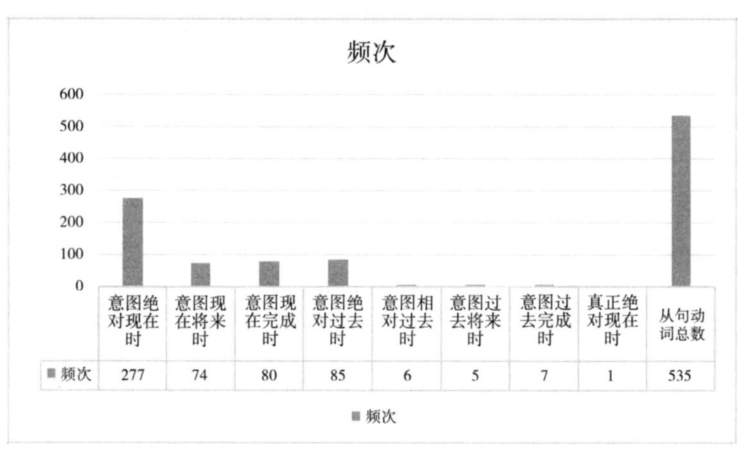

图 7.7 CPHBN 中与 OthEli/HouNam 搭配的从句动词的时态分布

关于其他精英、家喻户晓人物及公司与报道动词和从句动词时态搭配的分布情况，过去时报道动词分别与意图绝对现在时（22 例）、意图绝对过去时（14 例）、意图现在完成时（13 例）、意图现在将来时（3 例）、意图过去将来时（2 例）、意图过去完成时（3 例）、意图相对过去时（5 例）；现在完成时报道动词分别与意图绝对现在时（4 例）、意图相对过去时（1 例）搭配；现在时报道动词分别与意图绝对现在时（251 例）、意图绝对过去时（71 例）、意图现在完成时（67 例）、意图现在将来时（71 例）、意图过去将来时（3 例）、意图过去完成时（4 例）、真正绝对现在时（1 例）搭配。

这些数据表明，①与其他精英、家喻户晓人物及公司所搭配的报道动词中，与现在时报道动词搭配占绝大多数；②从句动词同样以意图绝对时态为主，而意图相对时态相对较少。与前述两类搭配相比，意图绝对过去时稍多于意图现在完成时，这可能与被引用人的说话内容有关。

7.2.4 普通人的时态分布

本小节将讨论普通人与报道动词和从句动词的互动，如图 7.8 和图 7.9 所示。

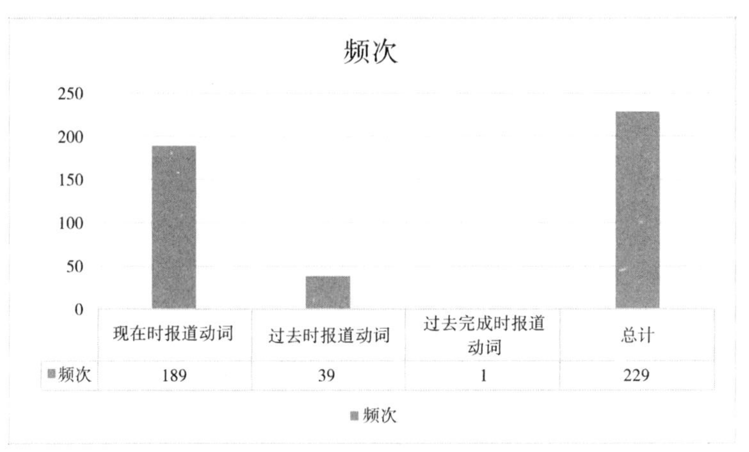

图 7.8 CPHBN 中与 OrdPeoNam 搭配的报道动词的时态分布

根据图 7.8，与普通人搭配的报道动词主要有 3 种时态，按照频次从高到低，依次是：现在时报道动词>过去时报道动词>过去完成时报道动词。其中现在时报道动词显著多于过去时报道动词（$p=0.000<0.05$）和过去完成时报道动词（$p=0.000<0.05$），过去时报道动词显著多于过去完成时报道动词（$p=0.000<0.05$）。

根据图 7.9，与普通人搭配的从句动词主要有 7 种时态，按照频次从高到低，依次是：意图绝对现在时>意图绝对过去时>意图现在完成

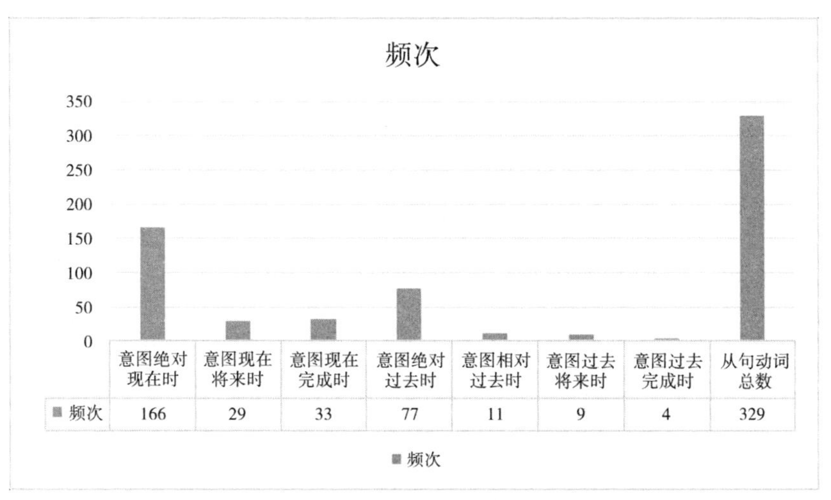

图 7.9 CPHBN 中与 OrdPeoNam 搭配的从句动词的时态分布

时>意图现在将来时>意图相对过去时>意图过去将来时>意图过去完成时。其中，与意图绝对现在时搭配的频次显著大于其他的从句时态频次（$p=0.000<0.05$）；与意图绝对过去时搭配的频次显著大于意图现在完成时（$p=0.000<0.05$）、意图现在将来时（$p=0.009<0.05$）、意图相对过去时（$p=0.000<0.05$）、意图过去将来时（$p=0.000<0.05$）及意图过去完成时（$p=0.000<0.05$）；与意图现在完成时搭配的频次显著大于意图相对过去时（$p=0.001<0.05$）、意图过去将来时（$p=0.000<0.05$）及意图过去完成时（$p=0.000<0.05$）。

就普通人与报道动词和从句动词时态搭配的分布而言，过去时报道动词分别与意图绝对现在时（15 例）、意图绝对过去时（27 例）、意图现在完成时（6 例）、意图现在将来时（1 例）、意图过去将来时（6 例）、意图过去完成时（2 例）、意图相对过去时（9 例）；过去完成时报道动词分别与意图相对过去时（1 例）搭配；现在时报道动词分别与意图绝对现在时（151 例）、意图绝对过去时（50 例）、意图现在完成时（27 例）、意图现在将来时（28 例）、意图过去将来时（3 例）、意图过去完成时（2 例）、意图相对过去时（1 例）搭配。

这些数据表明，就普通人与报道动词和从句动词时态搭配的分布而言，①与普通人所搭配的报道动词中，与前三类身份不同，有 1 例过去完成时报道动词，而缺少现在完成时报道动词；②从句动词同样以意图绝对时态为主，而意图相对时态相对较少。相较于前述三类搭配，意图绝对过去时显著多于意图现在完成时和意图现在将来时，这可能与被引用人的身份有关。普通人所说的内容不同于权威人士，大多数是基于个人经历和经验的描述或观点表达，因此不具备未来的持续真值，从而在时态上体现为意图绝对过去时的频次较高。

7.2.5 泛指的时态分布

本小节将讨论泛指与报道动词和从句动词的互动，如图 7.10 和图 7.11 所示。

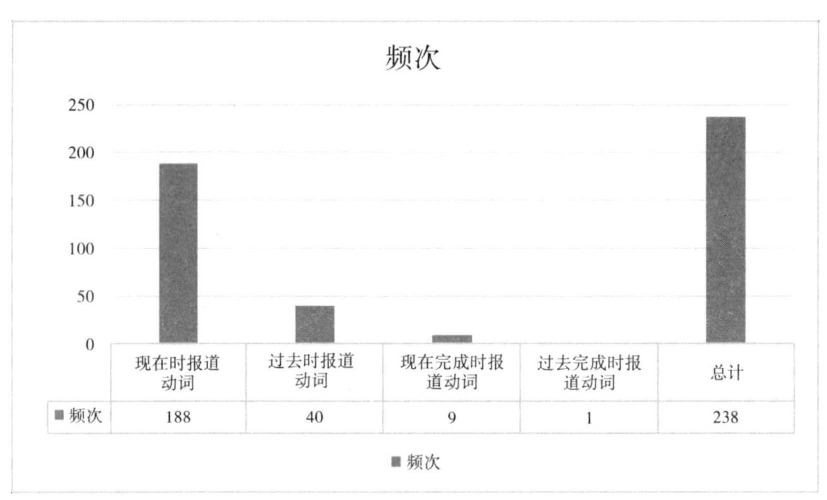

	现在时报道动词	过去时报道动词	现在完成时报道动词	过去完成时报道动词	总计
■ 频次	188	40	9	1	238

图 7.10 CPHBN 中与 Rol/GenLab 搭配的报道动词的时态分布

根据图 7.10，与泛指搭配的报道动词主要有 4 种时态，按照频次从高到低，依次是：现在时报道动词>过去时报道动词>现在完成时报道动词>过去完成时报道动词。其中现在时报道动词显著多于过去时报道动词（$p=0.000<0.05$）、现在完成时报道动词（$p=0.000<0.05$）和过去完成时报道动词（$p=0.000<0.05$），过去时报道动词显著多于现在完成时报道动词（$p=0.000<0.05$）和过去完成时报道动词（$p=0.000<0.05$），现在完成时报道动词显著多于过去完成时报道动词（$p=0.007<0.05$）。

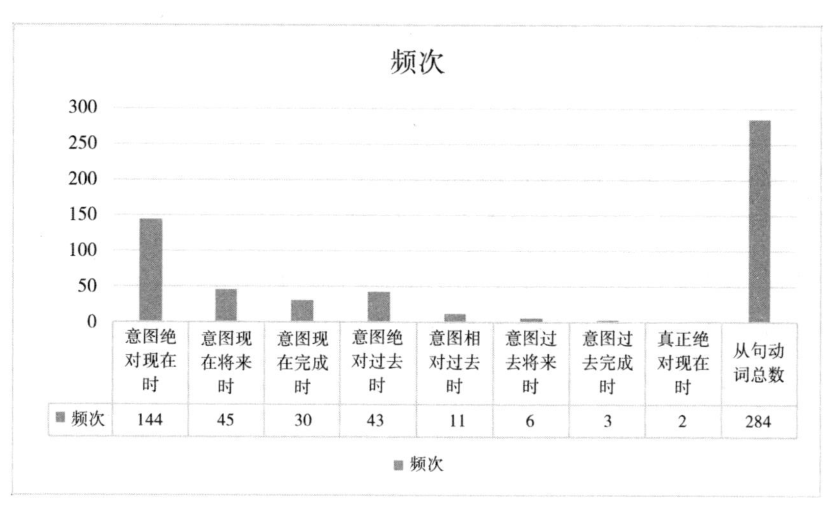

图 7.11 CPHBN 中与 Rol/GenLab 搭配的从句动词的时态分布

根据图 7.11，与泛指搭配的从句动词主要有 8 种时态，按照频次从高到低，依次是：意图绝对现在时>意图现在将来时>意图绝对过去时>意图现在完成时>意图相对过去时>意图过去将来时>意图过去完成时>真正绝对现在时。其中，与意图现在将来时、意图绝对过去时、意图现在完成时搭配的频次显著大于意图相对时态（$p=0.000<0.05$），其中意图现在完成时显著大于意图相对过去时（$p=0.002<0.05$）和真

正绝对现在时（$p=0.000<0.05$）；与意图相对过去时搭配的频次显著大于意图过去完成时（$p=0.027<0.05$）及真正绝对现在时（$p=0.009<0.05$）。

就泛指与报道动词和从句动词时态搭配的分布而言，过去时报道动词分别与意图绝对现在时（16 例）、意图绝对过去时（15 例）、意图现在完成时（1 例）、意图现在将来时（2 例）、意图过去将来时（6 例）、意图过去完成时（2 例）、意图相对过去时（11 例）、真正绝对现在时（1 例）搭配；过去完成时报道动词与意图过去将来时（1 例）搭配；现在时报道动词分别与意图绝对现在时（123 例）、意图绝对过去时（27 例）、意图现在完成时（25 例）、意图现在将来时（40 例）、意图过去完成时（1 例）、真正绝对现在时（1 例）搭配；现在完成时报道动词分别与意图绝对过去时（1 例）、意图现在将来时（3 例）、意图绝对现在时（5 例）、意图现在完成时（4 例）。

由此可见，①与泛指所搭配的报道动词共有 4 类，其中，与普通人相似，有 1 例过去完成时报道动词；②从句动词同样以意图绝对时态为主，意图相对时态相对较少，其中，除了意图绝对现在时以外的意图绝对时态频次较为相似。

7.2.6 地缘或文化上与读者相近的时态分布

本小节将讨论地域或文化与读者相近这类身份的报道者与报道动词和从句动词的互动，如图 7.12 和图 7.13 所示。

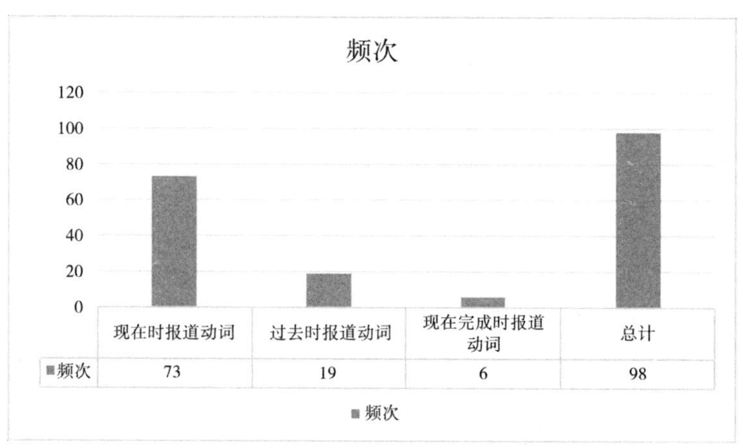

图 7.12 CPHBN 中与 PlaCloRea 搭配的报道动词的时态分布

根据图 7.12，与地域或文化与读者相近搭配的报道动词主要有 3 种时态，按照频次从高到低，依次是：现在时报道动词>过去时报道动词>现在完成时报道动词。其中现在时报道动词显著多于过去时报道动词（$p=0.000<0.05$）和现在完成时报道动词（$p=0.000<0.05$），过去时报道动词显著多于现在完成时报道动词（$p=0.008<0.05$）。

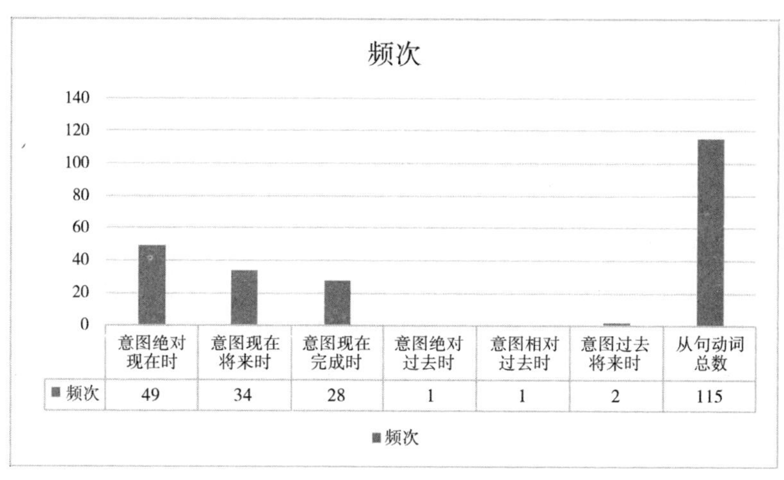

图 7.13 CPHBN 中与 PlaCloRea 搭配的从句动词的时态分布

根据图 7.13，与地域或文化与读者相近搭配的从句动词主要有 6 种时态，按照频次从高到低，依次是：意图绝对现在时>意图现在将来时>意图现在完成时>意图过去将来时>意图绝对过去时>意图相对过去时。其中，与意图绝对现在时的搭配频次显著大于意图现在完成时（$p=0.016<0.05$）；与意图绝对现在时、意图现在将来时、意图现在完成时的搭配频次显著大于意图过去将来时（$p=0.000<0.05$）、意图绝对过去时（$p=0.000<0.05$）。

就地域或文化与读者相近与报道动词和从句动词时态搭配的分布而言，过去时报道动词分别与意图绝对现在时（6 例）、意图现在完成时（5 例）、意图现在将来时（7 例）、意图相对过去式（1 例）、意图过去将来时（2 例）搭配；现在时报道动词分别与意图绝对现在时（37 例）、意图绝对过去时（1 例）、意图现在完成时（23 例）、意图现在将来时（24 例）搭配；现在完成时报道动词分别与意图现在将来时（3 例）、意图绝对现在时（6 例）搭配。

由此可见，①与地域或文化与读者相近所搭配的报道动词共有 3 类，种类较少；②从句动词同样以意图绝对时态为主，意图相对时态相对较少。其中，意图绝对过去时的频次相较前几类偏少。

综上所述，首先，被报道者身份与时态的互动中，报道动词以现在时报道动词为主，从句动词以意图绝对时为主，时态搭配则以现在时报道动词和意图绝对时的搭配为主，这和时态分布的总体分布相一致。其次，与前三类身份，即政治人物、政府、国家和超国家机构，（医疗）专家和科学家和其他精英、家喻户晓人物及公司，搭配的意图绝对时态显著多于后三类，即泛指、普通人和地缘或文化上与读者相近。这说明新闻媒体在报道公共卫生事件时，倾向于引用权威消息来源，以及意图现在时间域的时态，以增加与潜在读者或观众的联系。

7.3 被报道者身份与介入资源的互动

本小节讨论报道者身份与介入资源的互动，主要包括与报道动词的介入资源、从句动词的介入资源及报道动词和从句动词的介入资源搭配的分布情况。

7.3.1 政治人物、政府、国家和超国家机构的介入资源分布

本小节将讨论政治人物、政府、国家和超国家机构与介入资源的搭配情况，如图 7.14 和图 7.15 所示。

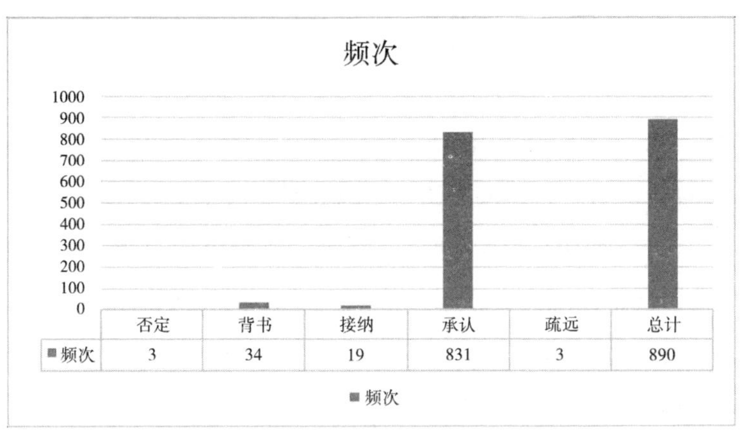

	否定	背书	接纳	承认	疏远	总计
■频次	3	34	19	831	3	890

图 7.14 CPHBN 中与 PolGov 搭配的报道动词的介入资源分布

如图 7.14 所示，在 CPHBN 中，与政治人物、政府、国家和超国家机构搭配的报道动词的介入资源主要有 5 种，按照频次由高到低，依次为：承认>背书>接纳>否定=疏远。其中，承认资源显著多于其他 4 种资源（$p = 0.000 < 0.05$）；背书资源显著多于接纳资源（$p = 0.038 <$

0.05)、否定和疏远资源（$p=0.000<0.05$）；接纳资源显著多于否定和疏远资源（$p=0.000<0.05$）。

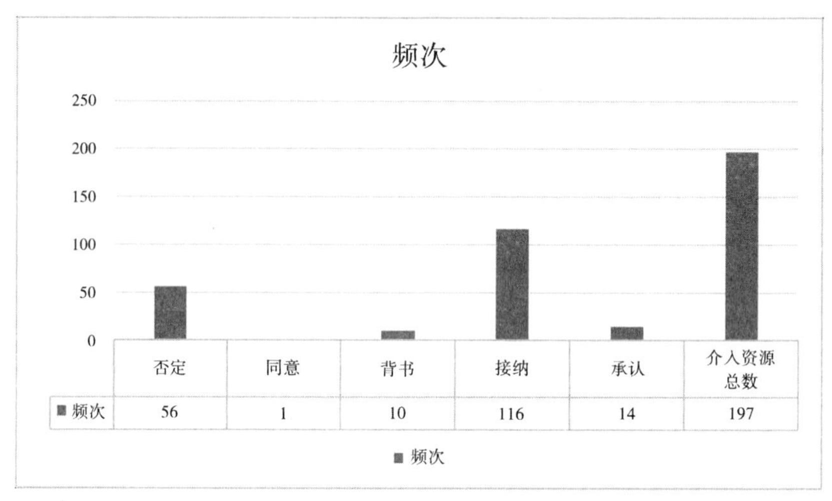

	否定	同意	背书	接纳	承认	介入资源总数
■频次	56	1	10	116	14	197

图 7.15　CPHBN 中与 PolGov 搭配的从句动词的介入资源分布

如图 7.15 所示，在 CPHBN 中，与政治人物、政府、国家和超国家机构搭配的从句动词的介入资源主要有 5 种，按照频次由高到低，依次为：接纳>否定>承认>背书>同意。其中，接纳资源显著多于其他 4 种资源（$p=0.000<0.05$）；否定资源显著多于承认资源（$p=0.000<0.05$）、背书和同意资源（$p=0.000<0.05$）；承认（$p=0.000<0.05$）和背书（$p=0.003<0.05$）资源显著多于同意资源。

就政治人物、政府、国家和超国家机构与报道动词和从句动词介入资源搭配的分布而言，报道动词中的承认资源分别与否定（50 例）、背书（9 例）、同意（1 例）、承认（12 例）和接纳（107 例）资源搭配；疏远资源与接纳（1 例）资源搭配；背书资源分别与否定（4 例）、承认（1 例）和接纳（1 例）资源搭配；接纳资源分别与否定（2 例）、接纳（8 例）资源搭配。

总体而言，与政治人物、政府、国家和超国家机构搭配的介入资源中，第一，在报道动词的介入资源方面，以对话扩展资源中的承认为主，其次为对话收缩中的背书。这表明报道者对权威的引用持中立或赞同的态度，或者在开放对话空间和收缩对话空间之间寻找平衡。第二，在从句动词的介入资源方面，以对话扩展资源中的接纳为主，其次为对话收缩中的否定。这反映了被报道者，即相关的权威被引用人，倾向于开放对话空间，承认其他可能性的存在，或者否定潜在的反对观点。最后，在报道动词和从句动词的介入资源搭配方面，[对话扩展] + [对话扩展] 的搭配占据主导地位，主要以 [承认] + [接纳] 为主，而 [对话扩展] + [对话收缩] 的搭配则主要以 [承认] + [否定] 为主。这说明在权威引用的语境中，报道者更倾向于通过开放性的表述方式来呈现多样的观点，同时也会采用一些收缩性的手段，以确保报道的准确性和客观性。

7.3.2 （医疗）专家和科学家的介入资源分布

本小节将讨论（医疗）专家和科学家与介入资源的搭配情况，如图 7.16 和图 7.17 所示。

如图 7.16 所示，在 CPHBN 中，与（医疗）专家和科学家搭配的报道动词的介入资源主要有 4 种，按照频次由高到低，依次为：承认>背书>接纳>疏远。其中，承认资源显著多于其他 3 种资源（$p = 0.000 < 0.05$）；背书资源显著多于接纳资源（$p = 0.001 < 0.05$）和疏远资源（$p = 0.000 < 0.05$）；接纳资源显著多于疏远资源（$p = 0.003 < 0.05$）。

如图 7.17 所示，在 CPHBN 中，与（医疗）专家和科学家搭配的从句动词的介入资源主要有 5 种，按照频次由高到低，依次为：接纳>否定>背书>承认>宣告。其中，接纳资源显著多于其他 4 种资源（$p = 0.000 < 0.05$）；否定资源显著多于背书、承认和宣告资源（$p = 0.000 <$

0.05)；背书（$p=0.000<0.05$）、承认（$p=0.003<0.05$）资源显著大于宣告资源。

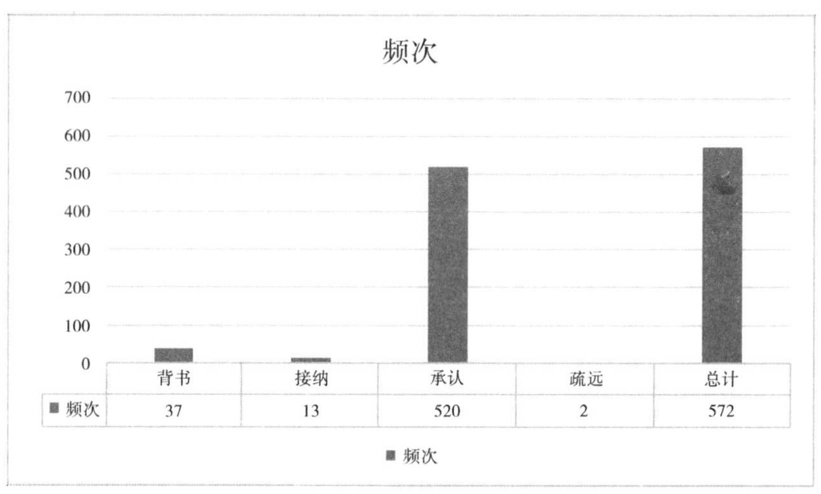

图 7.16　CPHBN 中与 HeaSci 搭配的报道动词的介入资源分布

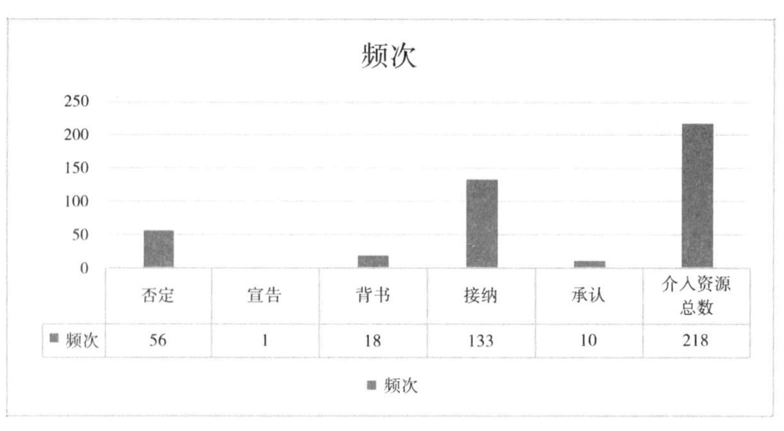

图 7.17　CPHBN 中与 HeaSci 搭配的从句动词的介入资源分布

就（医疗）专家和科学家与报道动词和从句动词介入资源搭配的分布而言，报道动词中的承认资源分别与否定（50 例）、背书（18

例)、宣告（1 例)、承认（10 例）和接纳（116 例）资源搭配；疏远资源与否定（1 例）和接纳（1 例）资源搭配；背书资源分别与否定(5 例)、和接纳（8 例）资源搭配；接纳资源与接纳（8 例）资源搭配。

总体而言，与（医疗）专家和科学家的介入资源分布与政治人物、政府、国家和超国家机构的搭配分布基本一致。报道动词和从句动词的介入资源中，以对话扩展资源中的承认为主，其次为对话收缩中的背书，表明报道者对专业权威的引用持中立或赞同的态度，并在开放对话空间和收缩对话空间之间寻找平衡。从句动词的介入资源中，以对话扩展资源中的接纳为主，其次为对话收缩中的否定，反映了被报道者，即专业权威被引用人，倾向于开放对话空间，承认其他可能性的存在，或者否定潜在的反对观点。在报道动词+从句动词的介入资源搭配中，[对话扩展] + [对话扩展] 的搭配占据主导地位，主要以 [承认] + [接纳] 为主，而 [对话扩展] + [对话收缩] 的搭配则主要以 [承认] + [否定] 为主。这说明在专业领域的报道中，同样注重通过开放性的表述方式呈现多样的观点，同时也会采用一些收缩性的手段，以确保报道的准确性和客观性。

7.3.3 其他精英、家喻户晓人物及公司的介入资源分布

本小节将讨论其他精英、家喻户晓人物与介入资源的搭配情况，如图 7.18 和图 7.19 所示。

如图 7.18 所示，在 CPHBN 中，与其他精英、家喻户晓人物搭配的报道动词的介入资源主要有 5 种，按照频次由高到低，依次为：承认>背书>接纳>否定=疏远。其中，承认资源显著多于其他 4 种资源（$p=0.000<0.05$）；背书资源显著多于接纳、疏远和否定资源（$p=0.000<0.05$）。

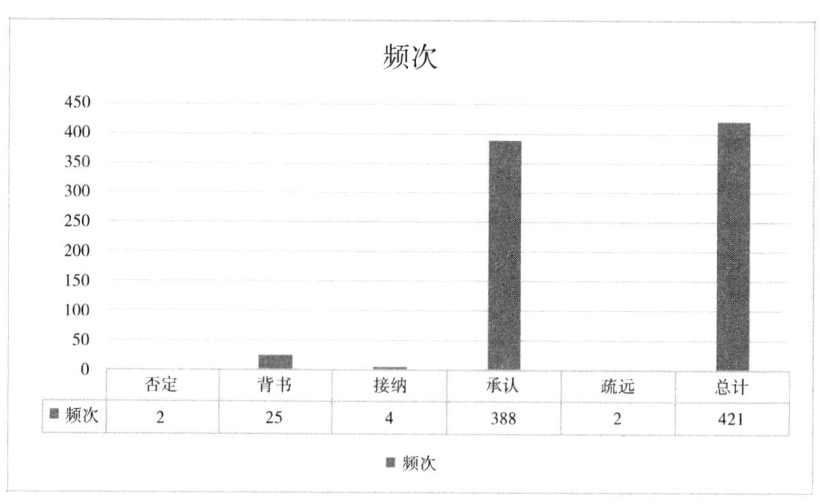

图 7.18 CPHBN 中与 OthEli/HouNam 搭配的报道动词的介入资源分布

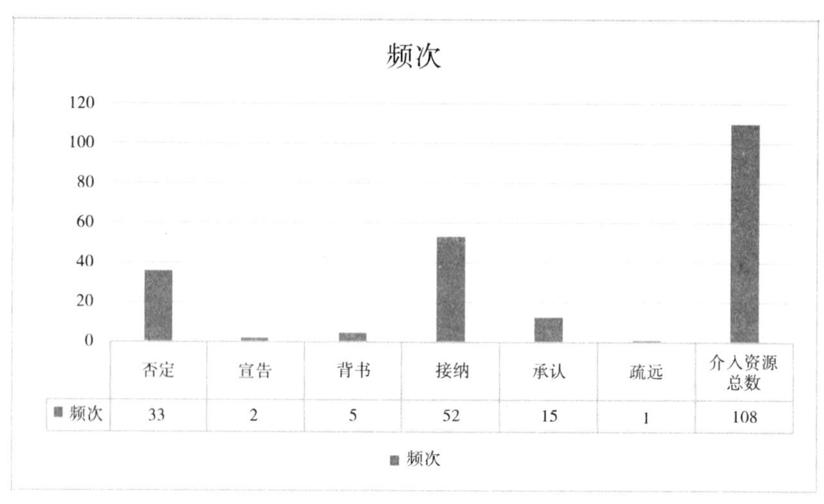

图 7.19 CPHBN 中与 OthEli/HouNam 搭配的从句动词的介入资源分布

如图 7.19 所示，在 CPHBN 中，与其他精英、家喻户晓人物搭配的从句动词的介入资源主要有 6 种，按照频次由高到低，依次为：接纳>否定>承认>背书>宣告>疏远。其中，接纳资源显著多于承认、背书、宣告和疏远资源（$p=0.000<0.05$）；否定资源显著多于承认资源（$p=0.001<0.05$）、背书、宣告和疏远资源（$p=0.000<0.05$）；承认资源显著多于宣告（$p=0.003<0.05$）、疏远（$p=0.001<0.05$）资源。

就其他精英、家喻户晓人物与报道动词和从句动词介入资源搭配的分布而言，报道动词中的承认资源分别与否定（31 例）、背书（5 例）、宣告（2 例）、承认（12 例）和接纳（46 例）资源搭配；否定资源分别与承认（1 例）、接纳（3 例）资源搭配；背书资源分别与否定（1 例）、疏远（1 例）和接纳（2 例）资源搭配；接纳资源分别与承认（2 例）、接纳（1 例）和否定（1 例）资源搭配。

总体而言，与其他精英、家喻户晓人物搭配的介入资源中，第一，报道动词的介入资源以对话扩展资源中的承认为主，其次为对话收缩中的背书，与前两类引用权威的分布一致。第二，对于从句动词的介入资源，以对话扩展资源中的接纳为主，其次为对话收缩中的否定，与前两类说话人分布一致。第三，对于报道动词和从句动词的介入资源搭配而言，［对话扩展］+［对话扩展］的搭配占大部分，主要以［承认］+［接纳］为主，［对话扩展］+［对话收缩］的搭配主要以［承认］+［否定］为主。这表明在报道其他知名人物和精英时，同样注重引用权威观点，通过对话的扩展和收缩传达出多样性的信息，以维护报道的中立性和客观性。

7.3.4 普通人的介入资源分布

本小节将讨论普通人与介入资源的搭配情况，如图 7.20 和图 7.21 所示。

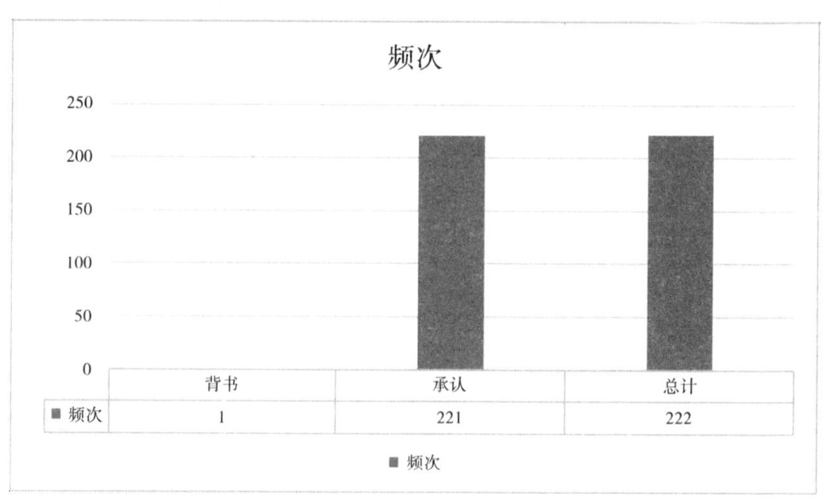

图 7.20　CPHBN 中与 OrdPeoNam 搭配的报道动词的介入资源分布

如图 7.20 所示，在 CPHBN 中，与普通人搭配的报道动词的介入资源仅有 2 种，按照频次由高到低，依次为：承认>背书。其中，承认资源显著多于背书资源（$p=0.000<0.05$）。

如图 7.21 所示，在 CPHBN 中，与普通人搭配的从句动词的介入资源主要有 5 种，按照频次由高到低，依次为：否定>接纳>承认>背书=宣告。其中，否定和接纳资源均显著多于承认、宣告和背书资源（$p=0.000<0.05$）；承认资源显著多于宣告和背书资源（$p=0.047<0.05$）。

就普通人与报道动词和从句动词介入资源搭配的分布而言，报道动词中的承认资源分别与否定（35 例）、背书（1 例）、宣告（1 例）、承认（6 例）和接纳（24 例）资源搭配；疏远资源与接纳（1 例）资源搭配。

总体而言，与普通人搭配的介入资源中，第一，对于报道动词的介入资源而言，种类很少，仅有两类，以对话扩展资源中的承认为主，标明报道者在引用普通人的观点时，通常持中立的立场，避免承担责任。

第二，对于从句动词的介入资源，以对话收缩中的否定为主，其次为对话扩展资源中的接纳。表明普通人采用否定的态度较多，以否定潜在的反对观点；接纳表明普通人认为其观点只是可能的观点之一，不排除其他的观点，持相对保守的态度。第三，对于报道动词和从句动词的介入资源搭配而言，不同于前三类说话人，［对话扩展］+［对话收缩］的搭配中，［承认］+［否定］的搭配占大部分，［对话扩展］+［对话扩展］主要以［承认］+［接纳］为主。这表明在报道普通人时，报道者更倾向于突显对话的多样性，同时表达出对普通人观点的中立和客观态度。

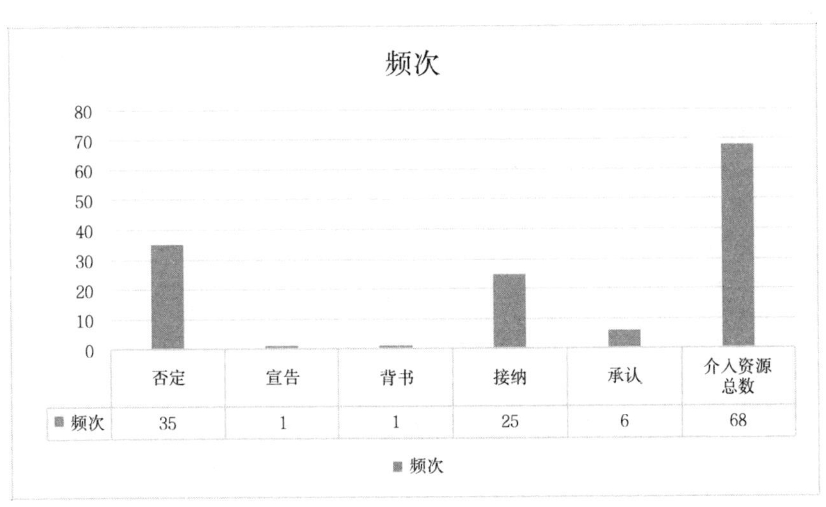

图 7.21　CPHBN 中与 OrdPeoNam 搭配的从句动词的介入资源分布

7.3.5　泛指的介入资源分布

本小节将讨论泛指与介入资源的搭配情况，如图 7.22 和图 7.23 所示。

如图 7.22 所示，在 CPHBN 中，与泛指搭配的报道动词的介入资源主要有 5 种，按照频次由高到低，依次为：承认>背书>接纳>疏远>宣告。其中，承认资源显著多于其他 4 种资源（$p=0.000<0.05$）；背书资源显著多于接纳资源（$p=0.005<0.05$）、疏远和宣告资源（$p=0.000<0.05$）；接纳资源显著多于宣告资源（$p=0.047<0.05$）。

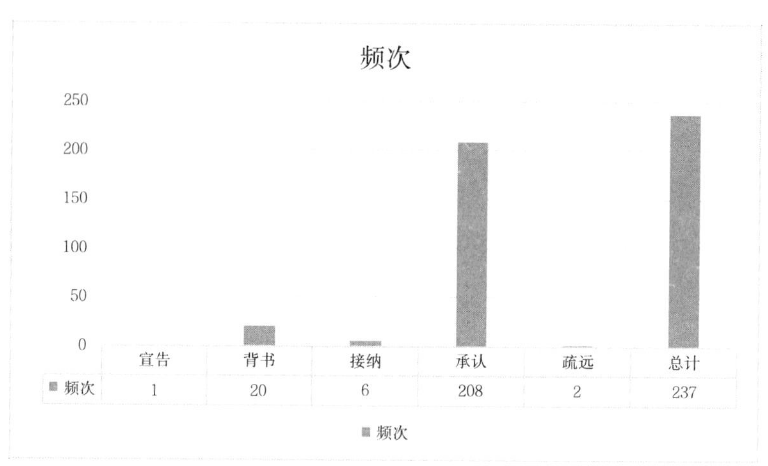

图 7.22　CPHBN 中与 Rol/GenLab 搭配的报道动词的介入资源分布

如图 7.23 所示，在 CPHBN 中，与泛指搭配的从句动词的介入资源主要有 4 种，按照频次由高到低，依次为：接纳>否定>承认>背书。其中，接纳资源显著多于承认和背书资源（$p=0.000<0.05$）；否定资源显著多于承认资源（$p=0.002<0.05$）和背书资源（$p=0.000<0.05$）。

就泛指与报道动词和从句动词介入资源搭配的分布而言，报道动词中的承认资源分别与否定（22 例）、背书（3 例）、承认（6 例）和接纳（26 例）搭配；疏远资源与接纳（2 例）资源搭配；背书资源与接纳（4 例）资源搭配。

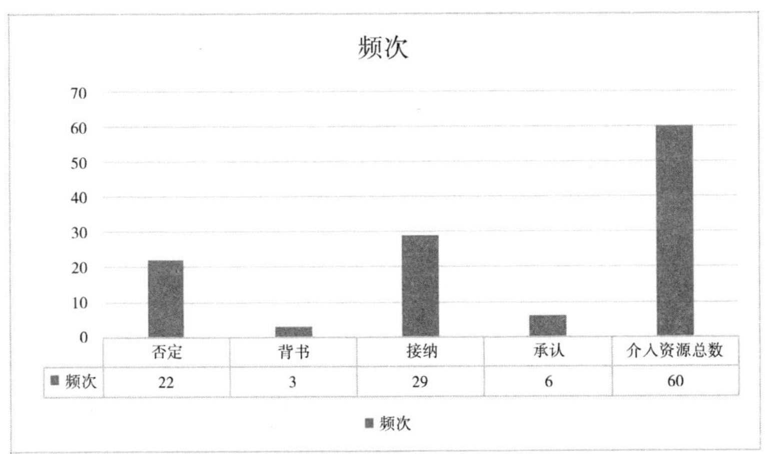

图 7.23 CPHBN 中与 Rol/GenLab 搭配的从句动词的介入资源分布

总之，与泛指搭配的介入资源中，第一，对于报道动词的介入资源而言，与前三类说话人的搭配一致，以对话扩展资源中的承认为主，其次为对话收缩中的背书。第二，对于从句动词的介入资源，与前三类说话人的搭配一致，以对话扩展资源中的接纳为主，其次为对话收缩中的否定。第三，对于报道动词+从句动词的介入资源搭配而言，［对话扩展］+［对话扩展］的搭配占大部分，主要以［承认］+［接纳］为主，［对话扩展］+［对话收缩］的搭配主要以［承认］+［否定］为主。这表明在报道泛指时，报道者更倾向于突显对话的多样性，同时表达出对各种观点的中立和客观态度。

7.3.6 地缘或文化上与读者相近的时态分布

本小节将讨论地缘或文化上与读者相近与介入资源的搭配情况，如图 7.24 和图 7.25 所示。

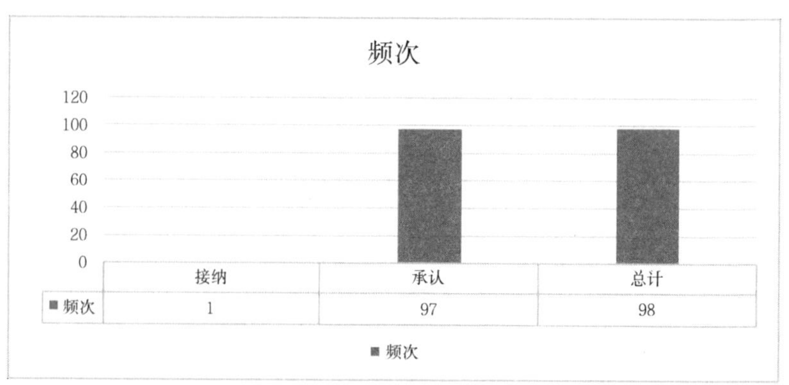

图 7.24　CPHBN 中与 PlaCloRea 搭配的报道动词的介入资源分布

如图 7.24 所示，在 CPHBN 中，与地缘或文化上与读者相近搭配的报道动词的介入资源仅有 2 种，按照频次由高到低，依次为：承认>接纳。其中，承认资源显著多于接纳资源（$p=0.000<0.05$）。

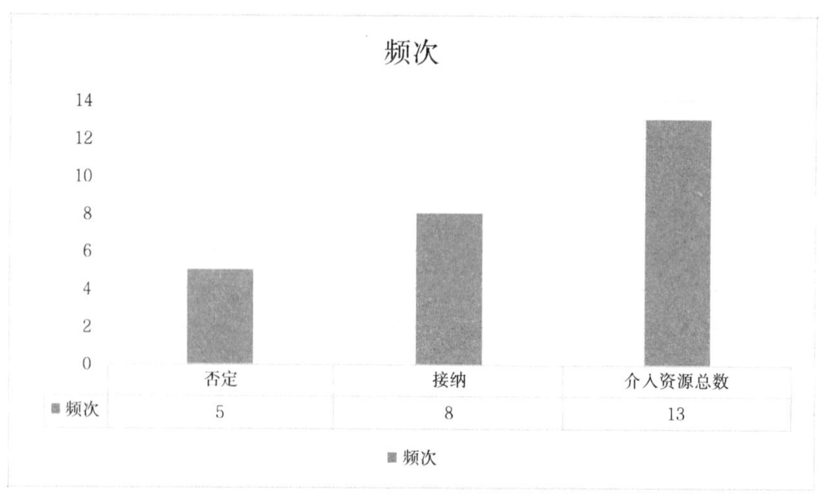

图 7.25　CPHBN 中与 PlaCloRea 搭配的从句动词的介入资源分布

如图 7.25 所示，在 CPHBN 中，与地缘或文化上与读者相近搭配的从句动词的介入资源仅有 2 种，按照频次由高到低，依次为：接纳>否定，二者无显著差异。

就地缘或文化上与读者相近与报道动词和从句动词介入资源搭配的分布而言，报道动词中的承认资源分别与否定（5 例）和接纳（8 例）资源搭配。

总之，与地缘或文化上与读者相近搭配的介入资源中，第一，对于报道动词的介入资源而言，种类少，仅 2 类，以对话扩展资源中的承认为主。第二，对于从句动词的介入资源，总量和种类偏少，仅 2 类，13 例。以对话扩展资源中的接纳为主，其次为对话收缩中的否定。第三，对于报道动词+从句动词的介入资源搭配而言，［对话扩展］+［对话扩展］的搭配，主要以［承认］+［接纳］为主，［对话扩展］+［对话收缩］的搭配主要以［承认］+［否定］为主，二者无显著差异。

综上所述，第一，对于前三类报道者身份及泛指而言，报道者的介入资源主要为对话扩展中的承认，其次是对话收缩中的背书；普通人、地缘或文化上与读者相近两类报道者身份的报道者所搭配的介入资源种类少，总频次少。第二，就从句动词的介入资源分布而言，政治人物、政府、国家和超国家机构、（医疗）专家和科学家中，对话扩展中的接纳资源显著多于否定资源；在其他精英、家喻户晓人物及公司，泛指和地缘或文化上与读者相近三类报道者身份中，接纳资源多于否定资源二者无显著差异；普通人中，否定资源多于接纳资源，但无显著差异。第三，就被报道者的身份与介入资源的搭配而言，以［对话扩展］+［对话扩展］中的［承认］+［接纳］的搭配为主，其次是［对话扩展］+［对话收缩］中的［承认］+［否定］搭配，即报道者通常不显示报道立场，采取中立的态度；而被报道者通常采取认可所述为可能的观点之一，不否定其他观点的存在，其次采取否定的态度，明确表达态度观点。

就本章而言，被报道者身份的分布特点可以概括如下：新闻报道倾向于选择外引具体的权威人士的观点和态度，如：政治人物、政府、国家和超国家机构，（医疗）专家和科学家，其他精英、家喻户晓人物及公司，对于普通人、泛指及国家地点名称的使用显著减少。

被报道者身份与时态的搭配特征如下：首先，报道动词以现在时报道动词为主，从句动词以意图绝对时为主，时态搭配则以现在时报道动词和意图绝对时的搭配为主。其次，与前三类身份，即政治人物、政府、国家和超国家机构，（医疗）专家和科学家，其他精英、家喻户晓人物及公司，搭配的意图绝对时态显著多于后三类，即普通人、泛指和地缘或文化上与读者相近。

被报道者身份与介入资源的搭配特征如下：第一，针对前三类被报道者身份，报道者主要采取承认和背书资源，表明报道者对权威的引用持中立或赞同的态度，或开放对话空间，或收缩对话空间。第二，政治人物、政府、国家和超国家机构，（医疗）专家和科学家中，对话扩展中的接纳资源显著多于否定资源，表明被报道者的态度为开放对话空间，承认其他可能性的存在。第三，报道者通常不显示报道立场，采取中立的态度；而被报道者通常采取认可所述为可能的观点之一，不否定其他观点的存在。

8 DHA 视角下的国家形象建构分析

参照杨敏、侍怡君（2021）和曾蕊蕊（2023）的研究步骤，本章内容主要分为三步：首先，根据 CNN 广播新闻参照语料库，找出 CGTN 公共卫生广播新闻语料库（CPHBN）中的前 20 位高频主题词（Keywords），确定该语料库的具体内容和主题词；其次，通过使用 LancsBox 的 GraphColl 功能观察 CGTN 目标语料库中前 20 位主题词之间的共现搭配，通过节点词的重复及引用，展示语料库文本之间的互文性（intertextuality）；最后，总结语料库具体使用了哪些话语策略，并通过两篇典型和非典型文本的研究，讨论这些话语策略如何构建积极正面的中国国家形象。

8.1 主题词分析

利用 LancsBox 的主题词（Keywords）功能，以 CNN 广播新闻参照语料库为参照语料库（Reference corpus），提取 CPHBN 中与 CNN 有显著差异的前 20 位高频主题词（如表 8.1 所示）。

表 8.1 CPHBN 中前 20 位高频主题词表

序号	词	相对频率	序号	词	相对频率
1	coronavirus	4 016.63	11	online	1 167.65
2	pandemic	3 711.14	12	team	995.67
3	Wuhan	3 462.22	13	reporter	930.05
4	COVID-19	3 441.85	14	such	921
5	our	3 249.51	15	director	911.94
6	medical	2 586.48	16	prevention	902.89
7	patients	1 887.25	17	students	758.07
8	hospital	1 681.33	18	production	753.54
9	help	1 534.24	19	companies	749.02
10	epidemic	1 355.47	20	staff	724.12

由表 8.1 可以看出，前 20 位高频主题词中，与公共卫生事件有关的词汇共有 8 个，分别为：coronavirus、pandemic、COVID-19、medical、patients、hospital、epidemic、online，表明其全球普遍传播性，术语的发展过程，及卫生事件本身的主要涉及产生的影响，如学校改为线上（online）授课和学习。与经济有关的词汇共有 2 个，分别为：production、companies，表明经济发展活动中，卫生事件主要对生产（production）和公司（companies）的影响最大，发展生产以及公司开工是新闻报道主要关心的内容。与身份有关的词汇共有 5 个，分别为：team、reporter、director、students、staff，表明新闻报道的主体为报道记者（reporter），被报道的对象主要涉及医护团队（team）、医疗人员（staff），消息的来源主要以（国家卫健委等机构的）主任（director）为主，学生（students）的在线学习也成为报道关心的内容。体现态度的词汇有 3 个，分别为：help、such、prevention。

上述词语反映了我国向世界传达的积极的国家形象：关注公共卫生事件、努力恢复和发展生产、权威直接发声、重视发展教育。

8.2 互文性分析

Bakhtin（1986：94）指出，“互文性基本上是指文本具有包含其他文本片段的属性，这些片段可能有明确标记，或者融合在文本内部，并且文本可能会同化（assimilate）、反对（contradict）、讽刺地呼应（ironically echo）这些文本片段。就本文的产生而言，互文性视角强调了文本的历史性：它们始终补充了现有‘言语交流链条’（chains of speech communication）。”Kristeva（1986：39）则认为，互文性意味着将“历史（社会）插入文本中，并将这个文本插入历史”。由其可见，互文性指的是文本或语篇之间的相互关系，是历史地存在和发展的，不仅是简单的融入，还包括创造性地运用，隐含了文本作者的意识形态和价值观，体现了一种权力运用关系。

Fairclough（1992：104）将互文性分为两类：显性互文性（manifest intertextuality）和建构互文性（constitutive intertextuality），也称为篇际互文性（interdiscursivity）。“在显性互文性中，其他文本在所分析的文本中明确存在；它们被文本表面的特征，比如引号，‘明显地’标记或提示”。常用的形式主要有引用、呼应、仿作、参考、戏拟和暗示等。“文本的建构互文性，是通过现有类型的新组成形式构成的，例如体裁、语篇、语域等。具体来说是混合信息与宣传（或‘说与卖’）话语的出现”（ibid：104），简单来说，就是混合不同类型的话语。

Wodak继承并发展了互文性，并将其运用在DHA历史分析法中，认为互文性（intertextuality）“意味着文本与其他文本相互联系，无论是在过去还是在现在”（Reisigl and Wodak，2016：28）。互语性（interdiscursivity）表示“各种方式中的话语相互关联”（ibid：28）。

曾蕊蕊（2023：13）指出，“中国形象建构中有两种常用的互文模式：不断重复使用表示‘自我’态度的词汇，以强调‘自我’的政策主张、与‘他者’的共同利益以及平等友好关系；引经据典，向‘他者’展示‘自我’从古至今、一以贯之的‘以人民为中心’‘共同发展’‘维护世界和平’的政策主张”。本文将举例说明 CGTN 新闻报道如何运用显性互文性中的重复和引用两种方式建构中国的积极的国际形象。针对第一种方式，本文采用 LancsBox 的 GraphColl 功能观察 CGTN 目标语料库中前 20 位主题词之间的共现搭配，进行高频搭配定量分析；针对第二种方式，通过检索双引号的索引行分析，并结合具体语料进行定性分析。

8.2.1 重复和呼应

首先，应用 LancsBox 的 GraphColl 功能，我们检索了表 8.1 中前 20 位主题词的共现搭配词网络。

做成表格，可以得到其中前 20 位高频共现实词。如表 8.2 所示。

表 8.2 前 20 位高频共现实词表

序号	词	节点词个数	语料库中频率	序号	词	节点词个数	语料库中频率
1	Wuhan	20	1 530	11	China's	18	940
2	China	20	2 176	12	health	18	993
3	outbreak	20	1 072	13	coronavirus	18	1 775
4	pandemic	19	1 640	14	help	18	678
5	Beijing	19	1 090	15	new	16	1 000
6	Chinese	19	1 505	16	say	16	810
7	Shanghai	19	861	17	epidemic	16	599
8	work	19	770	18	local	15	483
9	COVID-19	19	1 521	19	medical	15	1 143
10	says	18	944	20	time	15	847

由表 8.2 可知，20 个高频主题词的共现搭配实词共有 3 个，分别

为：Wuhan、China和outbreak。19个高频主题词的共现搭配实词共有6个，分别为：pandemic（除such外）、Beijing（除reporter外）、Chinese（除staff外）、Shanghai（除students外）、work（除students外）和COVID-19（除staff外）。18个高频主题词的共现搭配实词共有5个，分别为：says（除reporter和staff外）、China's（除hospital和students外）、health（除companies和production外）、coronavirus（除such外）和help（除production和director外）。16个高频主题词的共现搭配实词共有3个，分别为：new（除companies、such、prevention、director外）、say（除reporter、production、team和director外）和epidemic（除reporter、students和patients外）。15个高频主题词的共现搭配实词共有3个，分别为：local（除reporter、such、production、director和students外）、medical（除reporter、companies、production和prevention外）和time（除companies、production、prevention和staff外）。

因此表8.2可以看出，CPHBN中反复出现的主题和其共现词包括pandemic、COVID-19、coronavirus、help、epidemic、medical等，凸显了CGTN新闻报道的关注焦点和主题内容。

8.2.2 引用

采用LancsBox的KWIC（Key Word In Context）功能，我们用CQL表达式：/punc=" " " " /，检索了CPHBN中所有的由双引号构成的直接引用，共返回9 510例，分布于747（共766）个文本中。我们筛选出其中引用中外经典、谚语及中外法律法规的部分例句，进行定性分析。

例（26）引用了专家的观点，认为血浆不是“灵丹妙药”，这里使用“magic bullet”，使得目标语的英语读者激活自身文化中的相应概念，便于理解，同时消除一些民众的疑虑。

（26）But authorities say blood plasma is no "magic bullet."（new_CGTN_THE WORLD TODAY_20200215. txt）

例（27）和（28）均引用了中国传统谚语，分别为“瑞雪兆丰年”和“民以食为天”。前者表明了随着疾病的向好，滑雪旅游回归大众视野，游客数量攀升。后者表达了一家美国的化肥和种子公司对中国市场巨大潜力的认可和期待，表明全球人民对经济开放的共同心愿和追求，同时表达了中国政府开放包容的态度和政策是民心所向。

（27）As the Chinese saying goes, a timely snow promises a good and prosperous year.（new_CGTN_THE WORLD TODAY_20201215. txt）

（28）There's a Chinese saying, that food is the first necessity of the people.（new_CGTN_GLOBAL BUSINESS_20200423. txt）

例（29）、例（30）和例（31）均引用了外国传统谚语，其中例（29）为英国谚语，“患难见真情”。这里用来说明中外社区志愿者的努力增强了当地民众战胜疾病的信心，全球人民风雨同舟，患难与共，共同筑起抗疫的防线。

（29）Like the saying goes, a friend in need is a friend indeed.（new_CGTN_THE WORLD TODAY_20200321. txt）

例（30）源自 Mark Twain，原话是“The first rule of politics is never let the truth get in the way of a good story.”（政治的第一条法则是永远不要让事实成为影响好故事的绊脚石。）

（30）All of this reminds me of the old saying："Don't let the facts get in the way of a good story."（new_CGTN_THE WORLD TODAY_20210602. txt）

除了引用中外谚语外，“白皮书”（white paper）、联合国宪章等政策性规定和文件也是重要的合法化己方观点和行为举措的依据，对于构建积极正面的国家形象有重要作用。经过对目标语料库 CPHBN 中关键词及上下文检索，发现“白皮书”共出现了 9 次，如（例 31），联合国报告出现了 2 次，*law*（法律）的左侧第 1 个（L1）搭配词共有 44 个，出现在 28 个文本中，具体见表 8.3 所示。

例（31）引用中国发布的“白皮书”，该白皮书概述了中国遏制新冠病毒的时间表和细节，指出病毒不分国界，人类生命至上，清晰地表明了中国政府的态度，指出人类需要的是共同努力，而不是玩指责游戏。白皮书表明中国坚决反对对病毒进行污名化和政治化。

（31）China has released a white paper，titled “Fighting Covid－19；China in Action” . The document sets out the timelines and details of China’s efforts to contain the novel coronavirus. （new_CGTN_THE WORLD TODAY_20200607. txt）

表 8.3　law 的 L1 搭配词词表

序号	词	频率	文本数
1	China’s	4	3
2	Chinese	2	2
3	emergency	1	1
4	protection	1	1
5	islamic	1	1
6	family	1	1
7	US	1	1
8	international	1	1

由表 8.3 可知，*law* 一词主要涉及的中国法律（6 次），如遵守《中华人民共和国传染病防治法》；此外，还引用了包括：紧急条例、《野生动物保护法》、伊斯兰条例、家庭美德、美国法及国际法等，用以合法化中国的疾病防治措施，并为其提供合法依据，强调自身行为的合法性。

综上所述，CPHBN 语料库主要重复使用表示自身态度的积极词汇，同时引用包括中外谚语、法律法规条例在内的显性互文性话语，强调中国抗疫符合全球人民的共同利益、共同福祉，突出政策的合法性和正当性。全球人民应该合作，而非分裂，构建全球命运共同体。

8.3 话语策略分析

DHA 分析法的第三个步骤为调查话语策略，我们将从以下五个方面分析，分别为：命名策略、述谓策略、论辩策略、视角化策略、强化策略/弱化策略。其中命名策略和视角化策略结合第 8 章被报道者身份的分布特征和第 6 章的介入资源搭配及功能；述谓策略结合第 5 章的间接引语时态分布特征和第 6 章的介入资源搭配及功能，同时应用 USAS 赋码集；论辩策略和强化策略/弱化策略则使用 USAS 赋码集，基于语义分析进行。

8.3.1 命名策略

根据 Reisigl 和 Wodak（2001：45，2016：33）的定义，命名策略也叫指称策略，指通过话语构建和代表社会行为者、物体、现象、事件、过程和行为。

实现形式包括：成员分类法（将社会成员划分为组内外成员）、指称语、人名等，包括通过修辞手法、生物学、自然化和非人格化的隐喻和换喻来进行指称，以及通过代表整体的部分（pars pro toto）或代表部分的整体（totum pro parte）的提喻；用于表示过程和行为的动词和名词（短语）等。

由第 7 章有关被报道者身份分布特征的结论，并结合图 8.1 可知，新闻报道更倾向于选择引用具体的权威人士的观点和态度，包括政治人物、政府、国家和超国家机构，（医疗）专家和科学家，其他精英、家喻户晓人物及公司，而对于普通人、泛指以及地缘或文化上与读者相近的国家地点的具体名称的使用显著减少。

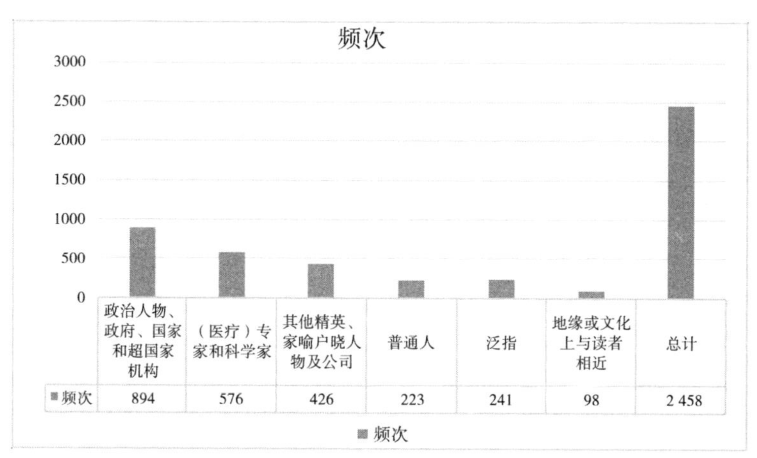

图 8.1　CPHBN 中被报道者身份的分布

此外，“对于建构自身形象的政治话语来说，说话者的重要任务和使命是积极建构听众认可的‘自我’正面形象，拉近与听众的距离，博得听众的信任和支持，将‘他者’认知转化为‘他者’认可，形成集体身份认同”（曾蕊蕊，2023：14）。就属于己方的“内群体”和属于敌方的“外群体”的构建而言，我们通过对比 CPHBN 和 CNN 语料库中 *our*、*their* 的右侧第一个（R1）搭配词作一下分析。

CPHBN 和 CNN 语料库中 *our* 的前 20 位 R1 搭配实词的分布和频率见表 8.4。

表 8.4 CPHBN 和 CNN 中 *our* 的前 20 位 R1 搭配实词的分布

序号	CPHBN	频率	CNN	频率	序号	CPHBN	频率	CNN	频率
1	reporter	168	health	22	11	team	13	best	5
2	best	29	viewers	22	12	special	12	hotel	5
3	own	28	own	16	13	products	12	economy	5
4	business	26	country	14	14	first	12	team	5
5	staff	24	homes	9	15	hospital	12	minds	5
6	customers	22	colleagues	8	16	lives	11	way	5
7	community	21	apartments	6	17	experience	11	daily	5
8	work	18	report	6	18	daily	11	national	4
9	employees	14	world	6	19	company	10	early	4
10	medical	14	community	6	20	students	10	neighbors	4

由表 8.4 可知，在和 *our* 搭配的词上，CPHBN 和 CNN 语料库存在异同。共有的搭配词包括：best、own、community、team、daily。best 和 daily 强调了各自新闻的质量和时效性，构建了积极正面的形象，而 own、community、team 则构建了己方的形象，与对方对立。此外，CPHBN 更多地关注具体的民生和经济各方，如 business、customers、employees、products、lives、company、students，这和 CGTN 作为中国官方媒体的身份有关。而 CNN 作为商业媒体，更多地关注宏观的经济行为等，如：viewers、colleagues、hotel、economy、country、world、national 等。下文将结合例句进一步分析。

例（32）中，阿塞拜疆驻华大使阿克拉姆·杰纳利表示，“我们在 COVID-19 大流行期间的互动将有助于进一步拓宽、加强和深化我们的双边关系。”第一人称复数代词 *our* 的使用拉近了读者和中国以及阿塞拜疆的距离，通过两国在抗疫的合作树立了中国的正面积极的国家形象。

（32） AKRAM ZEYNALLI Azerbaijani Ambassador to China "... and our interaction within the COVID-19 pandemic will contribute to further widening, strengthening and deepening our bilateral relations. "（new_ CGTN_ THE WORLD TODAY_ 20200804. txt）

例（33）中有关解决关于知识产权豁免或疫苗合作等紧要问题。外交部发言人赵立坚："中国只有一个目标：我们希望尽最大努力帮助发展中国家拯救更多生命。通过向其他国家提供疫苗和抗疫物资，中国并不是试图获得他人的好处。我们的援助没有地缘政治议程或政治附加条件。"这里通过 *our* 的使用，最大限度地树立"己方"中国的正面自我形象，即"中国不会利用疫苗来影响或领导世界，从而拉近与潜在观众的距离，争取其支持。中国也不会只空谈而不采取任何实际行动"。这与某些其他国家，即"对方"他者的做法形成鲜明对比。

（33） ZHAO LIJIAN Foreign Ministry Spokesperson "... China has only one goal：we want to do our best to help developing countries save more lives. ... Our assistance comes with no geopolitical agenda or political strings. "（new_ CGTN_ GLOBAL WATCH_ 20210525. txt）

例（34）中的声明强烈谴责暗示 COVID-19 起源于实验室的阴谋论。声明称："阴谋论只会制造恐惧、谣言和偏见，危害我们在抗击这种病毒方面的全球合作。" *our* 的使用，最大限度地争取了赞同全球合作的观众，指出中国的立场和态度是支持合作，拒绝政治和地缘孤立，形成高度的身份认同。疫情是全球人民的共同敌人，只有合作才是出路，才符合共同利益。

（34） It says："Conspiracy theories do nothing but create fear, rumors, and prejudice that jeopardize our global collaboration in the fight against this virus. "（new_ CGTN_ GLOBAL WATCH_ 20210708. txt）

8.3.2 述谓策略

Reisigl 和 Wodak（2001：45，2016：33）认为，社会行为者作为个体、团体成员或群体、物体、现象、事件、过程和行为会在语言上以述谓策略进行（积极或消极）语言评价描述，考察对社会行为者、物体、现象/事件和过程赋予的特征、品质和特点。

述谓策略可以表现为以隐性或显性谓词的形式对负面和积极特征进行刻板化、评价性的归属（例如形容词、同位语、介词短语、定语从句、连词从句、不定式从句和分词从句或短语）；明确的谓词或谓语名词/形容词/代词；习语搭配；比较、类比、隐喻和其他修辞手法（包括换喻、夸张法、轻词法、委婉语）；典故、唤起、预设/含义等。

我们将结合第 5 章报道动词和从句动词的时态分布及第 6 章的介入资源分布，作一下分析。

由第 5 章可知，①在 CPHBN 的报道动词的时态总数分布上，现在时报道动词的词型数和词次数占显著优势。②在时态不一致搭配中的报道动词的词次数上，过去时报道动词的词次数显著多于现在时、现在完成时和过去完成时报道动词。③在 CPHBN 中不同时态从句动词的词型数和词次数方面，意图绝对时的 4 种时态类型均显著多于意图相对时的 3 种时态类型和真正绝对时态的 2 种时态类型。④在时态不一致搭配中的从句动词的词次数上，意图现在完成时和意图过去完成时存在超用现象。⑤过去时报道动词与意图绝对时搭配的组合居首，其次为现在时报道动词与意图相对时搭配。

由第 6 章可知，①报道动词和从句动词的介入资源在词次数上和报道动词的词型数上，都以对话扩展中的接纳资源为主。②但在词型数上，从句动词以对话收缩中的否定资源为主。③报道者或记者倾向于开放对话空间，承认可能存在的反对意见；而被报道者倾向于直接表明反对意见。

对以上发现，我们结合具体的例句分析其对构建积极正面的国家形象的作用。例（35）中，被报道者为政治人物、政府、国家和超国家机构（authorities），报道动词采用现在时（say），为承认资源，被报道动词采用意图现在将来时（will）。该句用来强调一旦有了调查结果，将会在第一时间发布给公众。直接采用以权威人士的原来说话时刻为参照点的时态，突出了新闻的时效性和现场感，拉近了与观众的距离，争取了观众的支持，同时树立了权威人士负责任、工作效率高的正面形象。

（35）Authorities say they will inform the public as soon as they find the result.（new_CGTN_ASIA TODAY_20200519. txt）

例（36）中，被报道者为政治人物、政府、国家和超国家机构（officials），报道动词采用现在时（say），为承认资源，被报道动词采用意图绝对现在时（hope、contributes）。表达了报道者对引语内容的肯定，同时开放对话空间，采用开放包容的态度，允许其他声音的存在。树立了中国负责任大国的正面形象。

（36）Officials say they hope the study in Wuhan contributes to global efforts to spot and stem future outbreaks.（new_CGTN_ASIA TODAY_20210527. txt）

例（37）和例（38）中，被报道者为政治人物、政府、国家和超国家机构，报道动词采用过去时（said），为承认资源，被报道动词采用意图绝对现在时（has、is）或意图现在将来时（will）。保留了以被报道者时间零点为参照点的时间，表明报道者对报道内容的支持和肯定，承认其时效性一直延续至报道时刻，彰显了中国作为大国的担当和负责的积极形象。

（37）Chinese foreign ministry spokesperson Hua Chunying said in a statement that China has ample COVID-19 vaccine manufacturing capabilities and will prioritize supplying developing countries. (new_CGTN_ASIA TODAY_20201010. txt)

(38) Wang said China is willing to deepen cooperation on the development of vaccines with Indonesia, for instance, by supporting its plan to become a regional hub of vaccine production. (new_CGTN_ASIA TODAY_20210116. txt)

例（39）中，报道动词采用过去时（said），为承认资源，从句动词采用意图绝对时（was、leaked），同时为否定资源（unlikely）。表达了被报道者和报道者对负面消息的质疑和反对，收缩对话空间，拒绝其他声音的介入。

(39) They spoke to staff members, vendors and medical workers and said it was "extremely unlikely" that the coronavirus leaked from a lab in Wuhan. (new_CGTN_ASIA TODAY_20210527. txt)

在例（40）中，报道动词采用过去时（said），为承认资源，从句动词采用意图绝对时（arrived），意图相对时（had been）。强调了中国政府工作效率高，将人民的安危放在首位的积极形象。

(40) Yu said the first batch arrived in Shanghai Wednesday night and had been distributed Thursday morning. (new_CGTN_CHINA 24_20220409. txt)

此外，我们通过检索 USAS 赋码集，考察与 *China* 搭配的带有评价意义的词汇，包括评价（A5）、评价：好/坏（A5. 1）、评价：正/误（A5. 2）、评价：准确性（A5. 3）和评价：真实性（A5. 4）。结果见表 8. 5 和表 8. 6。

表 8.5 CPHBN 中 *China* 的 L1 表评价的搭配词分布

序号	词	频率	序号	词	频率
1	helps	2	13	in	1
2	controlled	1	14	eased	1
3	says	1	15	transformed	1
4	loosened	1	16	reported	1
5	meaning	1	17	get	1
6	blaming	1	18	meet	1
7	prioritizes	1	19	normalizes	1
8	sends	1	20	introduced	1
9	expects	1	21	reopened	1
10	given	1	22	pursues	1
11	approves	1	23	needs	1
12	honors	1			

表 8.6 CPHBN 中 *China* 的 L1 表评价的索引行分布

Coronavirus Pandemic:	China approves	its first COVID-19 specific treatment
people have pointed fingers that	China blaming	them for the spread of
thoughts on this?" ZHENG " Because	China controlled	its epidemic situation quickly, the
the recent COVID-19 resurgence after	China eased	its response to the virus.
CGTN's Liu Jiaxin reports.	China expects	its latest COVID wave to
Vaccine: Key groups in Central	China get	their first jabs China has
Community - based group buying in	China helps	those unwilling to go shopping
clinical trials in their countries. "	China helps	all because it understands that
to inspire future generations. As	China honors	those who played such an

续表

politicize the virus and stigmatize	China in	order to shift responsibility. What
COVID-19 battle. In May,	China introduced	its first nuclear-powered electron
number of feverish patients after	China loosened	its COVID - 19 restrictions. The capital
abroad. "Director Mao, how can	China meet	its domestic and global demand
to machinery installation to help	China modernize	its infrastructure. Yang always keeps
business in China. Because definitely	China needs	this. And my understanding is
walk-in testing booths. As	China normalizes	its coronavirus prevention measures, testing
has also raised concerns, as	China prioritizes	its domestic jabs over those
COVID - 19 testing, vaccine research. As	China pursues	its dynamic zero-COVID strategy

由表8.5和表8.6可知，与*China*搭配的词共有26例表评价的，其中多数为构建积极的中国形象的谓语动词，如：helps、controlled、prioritizes、expects、approves、honors、normalizes、pursues、needs。表明了中国积极抗疫、人民生命至上、倡导国际合作、追求疫苗平等的积极形象。

8.3.3 论辩策略

存在论辩策略和一系列论式或辩题（topoi），通过这些论式，可以对正面和负面的归属进行合理化，对真实性和规范正确性主张辩护和质疑；通过这些论式，例如，可以提出对相应个体或群体的社会和政治包容或排斥，即歧视或优惠待遇的合理化。可以通过论式或辩题（形式或更相关内容的）或谬误推理（fallacy）来实现。

包括有用与无用、有利与不利、人道主义、定义、公正、责任、累赘、财物、事实、数字、法律与权力、历史、文化、滥用等15种表现形式。(Reisigl and Wodak, 2016: 94)

接下来，我们通过检索USAS赋码集（见附录5），考察带有以下4类意义的词汇，包括：影响：原因/联系（A2.2）；数字（N1）、数量（N5）；法律和秩序（G2.1）；金钱：总体（I1）、金钱：富裕（I1.1）、金钱：负债（I1.2）。

首先，检索“影响：原因/联系（A2.2）”共返回1 803例，分布在581/766个文本中。列举其中一部分，具体分布和索引行见表8.7和表8.8。

表8.7 CPHBN中表原因/联系的前24位词表

序号	词	频率	序号	词	频率
1	to	206	13	effect	32
2	due	200	14	linked	31
3	results	149	15	reasons	31
4	why	114	16	join	29
5	impact	90	17	relations	27
6	produce	75	18	reason	24
7	related	70	19	cause	23
8	result	65	20	producing	23
9	caused	58	21	impacts	22
10	joined	45	22	effects	21
11	responsible	38	23	link	19
12	produced	36	24	combined	17

表 8.8 CPHBN 中表原因/联系的词的索引行分布

trust in the COVID-19 vaccines	produced	in China. ” 3.4 billion doses
have a significant protective	effect	against COVID, reducing the risk
required to present negative tests	results	for antibodies, in addition to
reviewed nearly 530-thousand test	results.	They
in horrible movies. Some COVID	impacts	are obvious, such as economic
education disruption. But its unspoken	impact	on mental health is another
Have suffered serious depression	due	to the pandemic, including herself.
suffered serious depression due	to	the pandemic, including herself. She
Hubei provincial capital. As a	result,	some patients are being moved
briefed the media on the	results	of the Pakistani president's
six cooperation documents, including deals	relating	to China's support for
The outbreak has had some	impact	on our customer relationships, and
say	due	to the outbreak, some customers
say due	to	the outbreak, some customers who
loan arrangements to relieve the	impact	brought by the COVID-19 pandemic.
are	determined	to uphold the UN-centered
to say on the educational	impact	this will have on the
faced by many companies, mainly	due	to quarantine measures across China.

由表 8.7 和表 8.8 可知，CPHBN 中使用诸如 after、base、basis、begat、cause、combine、conditional、connect、connotation、consequence、depend、derive、determine、do、due、effects、entails、excuse、factors、from、generate、hence、impacts、impetus、implications、induce、influence、interconnected、intertwined、join、link、mitigation、motivated、motive、produce、prompt、proportional、rationale、reasons、relate、ren-

dering、repercussions、responsible、result、rooted、sake、stem、stimulate、synonymous、tie、to、trigger、with 等，表明了句中的因果关系，说明了结论的可靠性、结果的准确性，增强了说服力，强化策略了中国的正面形象。

其次，检索“数字（N1）”共返回 9 260 例，分布在 741/766 个文本中；检索“数量（N5）”，共返回 2 583 例，分布于 658/766 个文本中。下文将列举其中一部分，具体分布和索引行见表 8.9 和表 8.10。

表 8.9 CPHBN 中表数字、数量的词表

序号	词	频率	序号	词	频率
1	one	1 063	13	2020	121
2	two	691	14	six	101
3	million	405	15	100	99
4	three	346	16	50	97
5	thousand	225	17	seven	95
6	billion	177	18	zero	95
7	10	162	19	14	91
8	four	152	20	60	90
9	five	149	21	5	88
10	20	136	22	thousands	83
11	30	135	23	12	80
12	new	130	24	hundred	79

表 8.10 CPHBN 中表数字、数量的词的索引行分布

vaccination in fighting COVID-19. Nearly	90	percent of the Chinese population
population has so far received	two	shots of COVID vaccines.
COVID-19 vaccines produced in China. ”	3. 4	billion doses of COVID-19 vaccines

续表

vaccines produced in China." 3. 4	billion	doses of COVID-19 vaccines have
have now been administered nationwide.	1. 26	billion people have had two
now been administered nationwide. 1. 26	billion	people have had two shots
1. 26 billion people have had	two	shots and nearly 800 million
had two shots and nearly	800	million have had three. Among
two shots and nearly 800	million	have had three. Among the
nearly 800 million have had	three.	Among the elderly, 84. 7 percent
had three. Among the elderly,	84. 7	percent of 60s have had
percent of 60s have had	two	shots and 67. 3 percent have
have had two shots and	67. 3	percent have had three.
and 67. 3 percent have had	three.	Officials
technology was developed in the	1990s	for cancer vaccines and it
overseas.	An	official said
have reviewed nearly	530-	thousand test results.
have reviewed nearly 530-	thousand	test results.

由表 8.9 和表 8.10 可知，CPHBN 语料库中使用大量的数字和客观数据，论述中国在抗疫上的全球贡献，包括接种两剂或三剂疫苗的人次、老年人接种比例、核酸检测结果等。一方面说明中国行动迅速，快速响应，遏制了疾病的传播；另一方面表明了中国慷慨的对外疫苗援助，体现了负责任大国的形象。

第三，检索“法律和秩序（G2. 1）”共返回 508 例，分布在 254/766 个文本中。下文将列举其中一部分，具体分布和索引行见表 8. 11 和表 8. 12。

表 8.11 CPHBN 中表法律和秩序的词表

序号	词	频率	序号	词	频率
1	code	51	13	protocols	12
2	time	46	14	blame	10
3	trials	43	15	service	9
4	security	41	16	community	9
5	rules	39	17	lawsuits	5
6	law	33	18	regulation	5
7	trial	24	19	judging	5
8	codes	20	20	have	5
9	regulations	17	21	punished	5
10	police	16	22	take	4
11	legal	15	23	save	4
12	laws	13	24	legislative	4

表 8.12 CPHBN 中表法律和秩序的词的索引行分布

it will be a truly	trying	time. SY, CGTN, BJ. China-
will be a truly trying	time.	SY, CGTN, BJ. China-Africa
the number given by the	police,	but I was told there
to the stay-at-home	rule	among communities which President Xi
Thousands of volunteers joined in	community	service to support others. ZHOU
of volunteers joined in community	service	to support others. ZHOU LIN
in strict accordance with scientific	laws	and regulatory requirements. "China's
Hospital. Coronavirus Outbreak: Hong Kong	police	official says force has been
of its busiest stations. The	trial	service began on Friday. It
encouraging staggered shifts and reducing	waiting	time during rush hour. CGTN

续表

staggered shifts and reducing waiting	time	during rush hour. CGTN's
just show up at the	agreed	time." Reserving is simple. Open
show up at the agreed	time."	Reserving is simple. Open subway
ease congestion." On Friday, the	trial	service is also available in
was also the lack of	regulation	in Internet-based finance that
affiliated with, put in separate	sues,	so US universities and colleges
houses Asia's first maximum-	security	lab, equipped to handle highest
some videos, I sent some	rules,	forward some notices to Wechat

由表8.11和表8.12可知，CPHBN中使用法律和秩序有关的词汇，论述中国抗疫措施的正当性和合法性，同时，在疫情的特殊时期，人们众志成城，自发地遵守条规条例，体现了中国人民的责任感和使命感，也为世界人民的抗疫提供了宝贵的经验。

最后，检索“金钱：总体（I 1）、金钱：富裕（I 1.1）、金钱：负债（I 1.2）”其中“金钱：总体（I 1）”共返回399例，分布在165/766个文本中；“金钱：富裕（I 1.1）”共返回572例，分布在275/766个文本中；“金钱：负债（I 1.2）”共返回352例，分布在202/766个文本中。下文将列举“金钱：富裕（I 1.1）”其中一部分，具体分布和索引行见表8.13和表8.14。

表8.13　CPHBN中表金钱：富裕的词表

序号	词	频率	序号	词	频率
1	capital	126	5	subsidies	30
2	income	56	6	saving	28
3	investment	51	7	profit	19
4	save	50	8	invest	17

续表

序号	词	频率	序号	词	频率
9	invested	14	17	profits	7
10	GDP	13	18	subsidy	7
11	funding	12	19	turnover	7
12	afford	12	20	cash	7
13	investments	11	21	flow	7
14	fund	10	22	earnings	6
15	funds	9	23	saved	6
16	credit	8	24	saves	6

表 8.14 CPHBN 中表金钱：富裕的词的索引行分布

20% of Dole's global	income,	as an expanding middle class
it more confident to	invest	and enlarge its R&D team
equal to last year's	profit,	we should pay an income
people in logistics, and financial	subsidies	for social workers on duty
what we have done can	save	lives. The atmosphere now has
Won't be able to	afford	the high cost of living
million people in the Chinese	capital	have been vaccinated. And
Expect the country's	GDP	to fare this year, and
and preventing disorderly expansion of	capital	will help to create broad
off in the Hubei provincial	capital.	As a result, some patients
the traditional ways like giving	subsidies,	tax breaks, or tax returns
from abroad give the Chinese	capital	a reality check. Our reporter
from the bank also means	saving	credit for his clients. Since
the bank also means saving	credit	for his clients. Since his
I will really need the	capital	flow. The settlement of our

续表

aims to help the “zero	credit”	lenders as well as other
our customer relationships, and our	cash	flow is in short supply.
customer relationships, and our cash	flow	is in short supply. Through

由表 8.13 和表 8.14 可知，CPHBN 中使用和“金钱：富裕”有关的词汇，论述疫情防控期间中国政府对企业的扶持、财政补贴，重视现金流、资本、投资，对经济恢复和增长充满信心，凸显了中国政府重视民生、有力促进经贸合作、为全球经济带来更多信心的正面形象。

8.3.4 视角化策略

话语分析者可以关注视角化策略、框架策略和话语表征，通过此类手段，在对歧视性事件或言论的报道、描述、叙述或引述中，说话者或写作者定位自身观点，表达在话语中的参与度或疏远感。

实现手段包括：指示语；直接引语、间接引语或自由间接引语；引号、话语标记/语气词；隐喻；生动的语调等。

基于第 7 章的发现，被报道者身份与介入资源的搭配特征如下：①针对前三类被报道者身份，报道者的主要采取承认和背书资源，表明报道者对权威的引用持中立或赞同的态度，或开放对话空间，或收缩对话空间。②政治人物、政府、国家和超国家机构，（医疗）专家和科学家中，从句动词的对话扩展中的接纳资源显著多于否定资源，表明被报道者的态度为开放对话空间，承认其他可能性的存在。③报道者通常不显示报道立场，采取中立的态度；而被报道者通常采取认可所述为可能的观点之一，不否定其他观点的存在。

接下来，我们结合具体的例句来分析以上语言手段如何建构积极的中国国家形象。

例（41）中专家指出，与内陆城市不同，大连等港口城市由于频繁接触进口商品，更容易受到 COVID 传播的风险。这里的 *pointed out* 是背书资源，属于对话收缩资源，用于表达报道者对被报道者观点的认同，承担一定的责任。这里表明专家有明确的证据和事实作出上述判断，因此发表上述言论。增强了话语的合法性和可靠性。

（41）Experts have pointed out that, unlike inland cities, port cities like Dalian are at higher risk of COVID transmission due to their frequent exposure to import goods.（new_CGTN_GLOBAL WATCH_20211115. txt）

例（42）中，官员表示，拉萨的暴发可能是由家庭聚集引起的，最新的测试结果显示，确诊病例与公众其他部分之间存在传播风险。*probably* 为接纳资源，属于对话扩展资源的一种，通过明确将命题呈现为基于其自身的偶然、个体主观性，作者的声音将命题表示为一系列可能立场之一，因此它接纳或激发这些对话性的其他表述。接纳呈现报道者的内在声音作为信息源。这里引用官员的说法，开放对话空间，不排除其他可能性的存在，体现了中国政府的研究和实事求是。

（42）Officials say the outbreak in Lhasa was probably caused by family clusters and the latest testing results show there is a risk of transmission between confirmed cases and the rest of the public.（new_CGTN_THE WORLD TODAY_20220811. txt）

例（43）中，“因此，我们早就说过，这种病毒不可能是源自我们的。”这里的 *no* 为否定资源，属于对话收缩资源，否定是引入对话中其他积极立场的资源，因此承认潜在的相反的观点或立场的存在，然后拒绝和否定它。这里明确收缩对话空间，拒绝其他可能观点的引入，表明了中国专家和中国政府的坚定的观点和立场。

（43）So we said early on, there's no way this virus came from us.（new_CGTN_GLOBAL WATCH_20210527. txt）

8.3.5 强化策略/弱化策略

这两种策略有助于通过加强或削弱种族主义、反犹太主义、民族主义或民族主义言论的言外之意来修饰和改变话语的认知或道义地位。这些策略在话语表征中发挥重要作用，因为它们通过对话语的强化策略或弱化策略进行操作。

实现手段包括：（情态）语气词、反义疑问句、虚拟语气、犹豫、含糊表达等；夸张法；间接言论行为（例如，提问而非述谓策略）；说、感觉、思考等动词。

接下来，我们通过检索 USAS 赋码集，考察带有以下 2 大类 6 小类意义的词汇，一类表示强化策略（intensification），一类表示弱化策略（mitigation），包括：程度：最大化（A13.2）、程度：增强（A13.3）；程度：估计（A13.4）、程度：妥协（A13.5）；程度：减弱（A13.6）、程度：最小化（A13.7）。

第一，检索“程度：最大化（A13.2）”共返回 1 451 例，分布在 568/766 个文本中。列举其中一部分，具体分布和索引行见表 8.15 和表 8.16。

表 8.15 CPHBN 中表程度：最大化的词表

序号	词	频率	序号	词	频率
1	most	560	7	completely	27
2	all	461	8	largely	26
3	fully	116	9	totally	23
4	total	74	10	remotely	11
5	mainly	66	11	entirely	10
6	mostly	28	12	thoroughly	9

续表

序号	词	频率	序号	词	频率
13	absolutely	9	19	whole	3
14	literally	4	20	on	3
15	altogether	4	21	wholly	2
16	primarily	4	22	overwhelmingly	2
17	the	3	23	infinitely	1
18	drastically	3	24	perfectly	1

表 8.16 CPHBN 中表程度：最大化的词的索引行分布

President, Corteva Agriscience China "We	fully	believe in the China long-
Twenty-four hours a day,	mostly	import and export. More than
Guangzhou is one of the	most	attractive cities on the Chinese
an additional test in transit,	mainly	to safeguard the health of
Is the	most	effective and cost-efficient way
Wuhan remains under quarantine and	most	residents still choose to stay
allow outsiders to go in.	Most	hotels and restaurants are closed
percent of them are closed."	Most	here, like Chen Heng, are
been a difficult time for	most	companies in Shanghai, but especially
deal for business owners, as	most	have to work from home."
lots of followers. It's	totally	new and I don't
to follow Liu's workout.	Most	residents in Shanghai have been
strains in China are now	mainly	BA. 5. 2 and BF. 7. Our reporter
gonna know whether the	most	people have a sufficient degree
The world's biggest and	most	advanced cargo airplanes are showing
of people who need it	most.	To accommodate the need of
center at this location is	mainly	because we have all the
are busy prepping for the	all-	important entrance exams for high

由表8.15和表8.16可知，CPHBN中使用诸如most、all、fully、total、mainly、mostly、completely、largely、totally、remotely、entirely、thoroughly、absolutely、literally、altogether、primarily、the、drastically、whole、on、wholly、overwhelmingly、infinitely、perfectly等程度副词，强调疫情影响范围广、程度深，如“大多数宾馆需要关闭”“大多数群众需要居家办公”“上海的大多数公司经历了困境”。但中国政府和人民做好了充分的准备，经济上有先进的装备，如“最先进的货运飞机”，有最大的信心取得胜利。

第二，检索“程度：增强（A13.3）”共返回5 119例，分布在720/766个文本中。列举其中一部分，具体分布和索引行见表8.17和表8.18。

表8.17　CPHBN中表程度：增强的词表

序号	词	频率	序号	词	频率
1	more	1 878	13	indeed	31
2	that	1 206	14	seriously	29
3	this	671	15	greatly	23
4	very	533	16	way	18
5	much	161	17	any	15
6	really	157	18	strongly	14
7	far	51	19	heavily	11
9	such	50	20	increasingly	11
10	highly	50	22	long	11
11	extremely	40	23	deeply	8
12	particularly	36	24	desperately	7

表 8.18 CPHBN 中表程度：增强的词的索引行分布

received domestic COVID vaccines.	That	is according to an official
have received home-made vaccines.	This	shows their full trust in
CAO BING Guangzhou, Guangdong-Province "	This	is the preparation room for
who have had the second.	That	accounts for around 20 percent
thrown us into the scene	that	only can be spotted in
in this industry. We have	more	time to create work that
more time to create work	that	maintains a common touch with
the pandemic, we've had	more	time to create and calm
coronavirus, there's a lot	more	to consider than what to
is just one mission among	more	than 300 they have accomplished.
I have to contribute as	much	as I can. " ZHAO YUNFEI
Tao Yuan has the story.	This	used to be one of
For now, Chen Heng and	more	than a dozen others are
the mezzanine level, scores of	more	stranded passengers have been living
I think there should be	more	love and care under an
care under an epidemic like	this.	I wanted to do what
he doesn't know how	much	longer he has to wait
country as a place with	more	potential. Our reporter Lin Nan

由表 8.17 和表 8.18 可知，CPHBN 中使用诸如 more、that、this、very、much、really、far、a、such、highly、extremely、particularly、indeed、seriously、greatly、way、any、strongly、heavily、increasingly、long、deeply、desperately 等程度副词，突出了本次疫情与以往相比，程度更严重，如“有更多的滞留旅客”“等待的时间更久”，人们“付出了更大的爱心和努力”。使得观众感同身受，体会到中国人民所经历的和感受到的。

第三，检索“程度：估计（A13.4）”共返回868例，分布在432/766个文本中。列举其中一部分，具体分布和索引行见表8.19和表8.20。

表8.19 CPHBN中表程度：估计的词表

序号	词	频率	序号	词	频率
1	about	271	13	pretty	6
2	nearly	209	14	much	6
3	almost	132	15	in	5
4	around	73	16	just	5
5	closely	40	17	a	4
6	virtual	20	18	closer	4
7	or	13	19	way	4
8	to	13	20	fairly	3
9	roughly	12	21	approximately	3
10	virtually	11	22	broadly	3
11	so	11	23	semi	3
12	close	9	24	more	2

表8.20 CPHBN中表程度：估计的词的索引行分布

has taken a toll on	almost	every industry, but last year,
but in 2020 I rested	almost	the whole year. I only
prioritizes vaccination in fighting COVID-19	Nearly	90 percent of the Chinese
have had two shots and	nearly	800 million have had three.
past two weeks, I think	roughly	six or seven people just
a city under lockdown for	nearly	one month, many people stranded

续表

for each person it takes	around	three minutes to complete their
to complete their jabs. So	about	300 people can get vaccinated
vaccinated on the bus in	about	two hours." Another vaccination vehicle,
a month, we've received	nearly	70 thousand customers, a 25
year, while the figure reached	almost	40 percent in the first
year. GAO "Yueli can produce	about	one million hair driers every
smart, the factory can save	about	60-percent of human labor."
year, domestic business grew by	almost	90 percent. LI LIZHONG Marketing
In one or two months	or	so I will really need
one or two months or	so	I will really need the
measures worth 3.3 trillion *yuan*,	about	$470 billion US dollars,
with an average reduction of	about	50 *yuan*, which is about

由表 8.19 和表 8.20 可知，CPHBN 中表示“程度：估计”的词相对于前两类表示“程度：最大化”和“程度：增强”的词显著减少，这说明新闻追求准确性。“程度：估计”使用诸如 about、nearly、almost、around、closely、virtual、or、to、roughly、virtually、so、close、pretty、much、in、just、a、closer、way、fairly、approximately、broadly、semi、more、less、the、region、practically、of 等，大多数与数量词连用，表示大概的数量和范围。如“接待了将近七万名顾客”“大约 4 700 亿美元”“大约 300 人完成接种”等，突出了数量，符合新闻追求客观公正的宗旨。

第四，检索“程度：妥协（A13.5）”共返回 432 例，分布在 259/766 个文本中。列举其中一部分，具体分布和索引行见表 8.21 和表 8.22。

表 8.21 CPHBN 中表程度：妥协的词表

序号	词	频率
1	some	248
2	quite	137
3	pretty	23
4	in	7
5	way	4
6	sufficiently	3
7	ways	3
8	reasonably	3
9	a	1
10	extent	1
11	to	1
12	certain	1

表 8.22 CPHBN 中表程度：妥协的词的索引行分布

says	some	of his colleagues
taken a hit, but for	some,	things are starting to look
consequences than they were with	some	of the earlier viruses. But
move for their winter holidays.	Some	get stranded in Shijiazhuang when
It's been	quite	an emotional few days, with
National Snowboarding Team "I feel	pretty	safe here. China's taking
after a long drought. For	some,	this is an early New
boost our sales, which went	quite	well." Some stalls are making
with financial difficulties, and even	some	of them have to close
getting better right now,	some	of our members still have
're now in negotiations with	some	of our cooperative partners in
working here. Among them are	some	from Wuhan who had been

续表

in the recent attempt to	some	of them radically alter the
It's	quite	different to what she
TAO Trainer, Han Show Theatre "	Some	have stayed in shape better
But adding to the challenge,	some	Haven't returned to the
part. There have already been	quite	a lot of daily exercises,
of uncertainty about our position. "	Some	from the team are still

由表 8.21 和表 8.22 可知，CPHBN 语料库中“程度：妥协”的使用相较前三类显著减少。使用诸如 some、quite、pretty、in、way、sufficiently、ways、reasonably、a、extent、to、certain 等相对口语化的词语，这和广播新闻的播报性质有关，大部分为路人采访或专访，带有一定的口语化性质。

第五，检索“程度：减弱（A13.6）”共返回 132 例，分布在 102/766 个文本中。列举其中一部分，具体分布和索引行见表 8.23 和表 8.24。

表 8.23 CPHBN 中表程度：减弱的词表

序号	词	频率
1	less	49
2	simply	29
3	partially	10
4	somewhat	9
5	slightly	8
6	partly	6
7	mildly	6
8	a	4

续表

序号	词	频率
9	under	3
10	bit	2
11	of	2
12	extent	1
13	some	1
14	merely	1
15	to	1

表 8.24 CPHBN 中表程度：减弱的词的索引行分布

much so that they become	less	careful in infection control. So
make it more convenient and	less	painful for patients, we use
the high-risk groups and	less	risky. At present, Omicron variants
drives more accessible, but also	less	risky to the public. To
are here because their owners	simply	Couldn't guarantee their usual
collecting it because there was	simply	too much of this trash.
Wu: So we cannot	simply	say, the longer interval, the
health by COVID-19 is going	less	over time, long-term co-
Export Fair" We are not	simply	copying the off-line fair
whatever it might be, the	less	likely you are to get
at a designated area, no	less.	Anyone visiting has to present
a severe case. This is	partially	how local hospitals get help,
still come to the site	simply	because they want to ease
almost a week since Wuhan	partially	lifted its lockdown, allowing people
professor," now he's known	simply	as "Lao Luo." BISTERFELD "Many
most important. People can eat	less,	but they can't afford

续表

they're pesticide-free and	less	prone to contamination in the
are	less	affected by travel curbs but

由表 8.23 和表 8.24 可知，CPHBN 中使用“程度：减弱”的使用相较前四类显著减少。使用诸如 less、simply、partially、somewhat、slightly、partly、mildly、a、under、bit、of、extent、some、merely、to 表达“程度减轻”，或“风险降低”。但由于其本身的否定性质，在语料库使用相对较少。

第六，检索“程度：最小化（A13.7）”共返回 205 例，分布在 107/766 个文本中。列举其中一部分，具体分布和索引行见表 8.25 和表 8.26。

表 8.25 CPHBN 中表程度：最小化的词表

序号	词	频率
1	at	82
2	least	67
3	all	30
4	hardly	12
5	barely	8
6	little	6

表 8.26 CPHBN 中表程度：最小化的词的索引行分布

will take	at	least 5 years to find
will take at	least	5 years to find out
We've had no income	at	all. We are under huge
've had no income at	all.	We are under huge pressure.

续表

Please keep a distance of	at	least one meter between each
keep a distance of at	least	one meter between each other,
district. But now you can	barely	see anyone. Since Shanghai's
the global population, have taken	at	least 70 percent of COVID-19
global population, have taken at	least	70 percent of COVID-19 vaccine
you I'm not afraid	at	all. But I need to
I'm not afraid at	all.	But I need to do
process for lending money from	at	least forty-five days to
for lending money from at	least	forty-five days to just
London "And there are at	least	two concrete examples of that
and we are not worried	at	all." GUAN "Also, a temporary
we are not worried at	all."	GUAN "Also, a temporary hospital
far, we have asked at	least	3 stores to suspend operations
vaccine is 70 percent, at	least	80 percent of the population

由表 8.25 和表 8.26 可知，CPHBN 语料库中使用的“程度：最小化”类词汇数量不大，仅多于“程度：减弱”。使用诸如 at、least、all、hardly、barely、little 等词汇，表达疫情的影响，如“大街上几乎看不到人”“至少保持 1 米的距离”，同时表达正面意义，如“至少 80%的群众已经接种疫苗。”

综上所述，CPHBN 语料库的话语策略包括：命名策略中的报道者身份、人称代词等；述谓策略中的时态、介入资源、积极和消极的形容词、谓词等；论辩策略中的影响、数字、法律和秩序、财富等；视角化策略中的报道者身份、介入资源等；强化/弱化策略中的程度副词等。构建了中国有担当、有责任感的负责任大国的正面形象。

8.4 文本分析

首先，我们经过检索，得到时态、介入资源和被报道者身份方面显著多数分布的典型文本，文本内容具体如下。我们将逐句分析其中所用的话语策略。

8.4.1 典型文本分析

首先，我们观察文本的具体内容。以下文本是一篇表达中国疫情稳定的新闻。

Title：Coronavirus Pandemic：Health authorities say China's epidemic situation is stable

1. Chinese health authorities say outbreaks in Beijing, Tianjin and other regions are under control.

2. But officials say there are still uncertainties due to the Omicron variant. Sun Tianyuan reports.

3. Chinese health experts say the number of new locally transmitted coronavirus cases has decreased significantly in the country recently.

4. HE QINGHUA First-level Inspector, CDC National Health Commission "The situation regarding the recent cluster infections in China is that they're now heading in a good direction and remain stable in general."

5. The easing of the crisis comes just a few days ahead of the annual Spring Festival holiday when hundreds of millions of people will be on the move across the country.

6. Officials say they have measures in place to ensure the COVID

situation remains stable through this travel rush period.

7. Meanwhile, the National Health Commission confirmed that more than 1.2 billion people in China have taken two or more vaccine shots.

8. However, experts warned people to stay alert for possible risks, even those who may feel they're protected.

9. LIANG WANNIAN Head, COVID-19 Leading Task Force National Health Commission "China's vaccination level is not enough to establish a solid immune barrier. If we let our guard down now, all our efforts in epidemic prevention and control, and our results, will have been in vain."

10. SUN TIANYUAN Beijing "Officials said Omicron might not be the last mutation, and how the virus will evolve still remains unclear. Regardless, they say they're content with China's current prevention and control measures, saying they're the best option at the present time. Sun Tianyuan, CGTN, Beijing."

第1段用到的话语策略包括3类。首先是命名策略，包括社会行为者，如中国卫生权威人士（Chinese health authorities）；事件，如暴发（outbreaks）；过程，如表示（say），是（is）。述谓策略，包括积极的词汇，如得到控制（are under control）；消极的词汇，如暴发（outbreaks）。视角化策略，如中国卫生权威人士（Chinese health authorities）。

第2段用到的话语策略包括3类。首先是命名策略，包括社会行为者，如官员（officials）；事件，如暴发（outbreaks）；过程，如表示（say），是（are）。述谓策略，包括消极的词汇，如不确定性（uncertainties），奥密克戎变异（the Omicron variant）。视角化策略，如官员（officials）。此外，这里包含了表示非人称和客观化的 there are，以及转折连词 *but*。

第3段用到的话语策略有4类，首先是命名策略，包括社会行为者，如中国卫生专家（Chinese health experts）；事件，如冠状病毒病例数量（the number of coronavirus cases）；过程，如表示（say），减少（has decreased）。述谓策略，包括消极的词汇，如减少（has decreased）。视角化策略，如中国卫生专家（Chinese health experts）。强化策略，如显著地（significantly）。

第4段用到的话语策略有4类，首先是命名策略，包括社会行为者，如 HE QINGHUA；过程，如是（is/are），保持（remain）。述谓策略，积极的词汇，如良好方向（good direction），稳定（stable）。视角化策略，如 HE QINGHUA。弱化策略，如正朝着（'re heading），总体上（in general）。

第5段用到的话语策略有4类，首先是命名策略，包括社会行为者，如数以亿计的人群（hundreds of millions of people）；过程，如来（comes）；现象，如危机缓解（the easing of the crisis）；事件，如每年春节假期（the annual Spring Festival holiday）；行动，如来（comes），移动（be on the move）。述谓策略，积极的词汇，如危机缓解（the easing of the crisis）。弱化策略，如危机缓解（the easing of the crisis）。

第6段用到的话语策略包括3类，首先是命名策略，包括社会行为者，如官员（officials）；过程，已经（have），保持（remain）；现象，如 COVID 状况（COVID situation）；事件，这个旅行高峰期（this travel rush period）。述谓策略，包括积极的词汇，稳定（stable）。视角化策略，如官员（officials）。

第7段用到的话语策略包括4类，首先是命名策略，包括社会行为者，如国家卫生健康委员会（the National Health Commission）；过程，如确认（confirmed），采取（have taken）；事件，如接种了两针或更多疫苗（have taken two or more vaccine shots）；述谓策略，包括积极的词汇，如接种了两针或更多疫苗（have taken two or more vaccine shots）。

视角化策略，如国家卫生健康委员会（the National Health Commission）。强化策略，如两针或更多（two or more）。

第 8 段用到的话语策略包括 4 类，首先是命名策略，包括社会行为者，如专家（experts）；过程，如警告（warned），保持（stay），感觉（feel），是（are）；现象，如可能的风险（possible risks）。述谓策略，包括积极的词汇，受到保护（are protected）；消极的词汇，如警告（warned），风险（risks）。视角化策略，如专家（experts）。弱化策略，如可能（possible），也许（may），甚至（even）。转折连词，然而（however）。

第 9 段用到的话语策略包括 4 类，首先是命名策略，包括社会行为者，如 LIANG WANNIAN；过程，如是（is），建立（establish），下调（let down），已经是（have been）；现象，如中国的疫苗接种水平（China's vaccination level），我们的一切努力（all our efforts），我们的成果（our results）；事件，如疫情防控（epidemic prevention and control）。述谓策略，包括积极的词汇，如坚实的免疫屏障（a solid immune barrier）；包括消极的词汇，不足（not enough），徒劳无功（in vain）。视角化策略，如 LIANG WANNIAN。弱化策略，如如果（if）。

第 10 段用到的话语策略包括 4 类，首先是命名策略，包括社会行为者，如官员（Officials）；过程，如说（said），将演变（will evolve），保持（remains），说（say），是（are）；现象，如中国当前的预防控制措施（China's current prevention and control measures）预防控制（prevention and control）。述谓策略，包括积极的词汇，如满意（'re content with）；消极的词汇，如不会是最后一次变异（not be the last mutation），不清楚（unclear）。视角化策略，如官员（Officials）。强化策略，如最好的（the best）。弱化策略，如可能（might）。转折连词，如尽管（regardless）。

8.4.2 非典型文本分析

以下这篇新闻是对质疑中国疫苗安全的报道的有力反击。

Title：Coronavirus Pandemic：What's behind controversy surrounding Chinese vaccines？

1. World Health Organization says any vaccine that's approved for emergency use should be recognized by all countries as they start to open their borders, including those from China.

2. But the Chinese vaccines face questions and concerns that they are less effective than others. Feng Yilei looks at the issue in this commentary.

3. FENG YILEI Beijing "The WHO, together with leading international organizations, are once again calling on G20 member countries to speed up the rollout of vaccines.

4. The target — to reach at least 40 percent vaccine coverage in every country by the end of 2021, and at least 60 percent by mid-2022.

5. China has achieved the 40 percent goal way ahead of time, hitting 1.2 billion COVID inoculations for more than 6 million people earlier this week."

6. SHAO YIMING Researcher, Chinese Center for Disease Control "We have both the capacity of vaccination and the amount of vaccines to reach the herd immunity by the end of the year."

7. FENG YILEI Beijing "The efforts have already made some remarkable differences."

8. For one, vaccinations allowed tens of thousands at the grand centurial ceremony of the CPC on Thursday to take off their masks.

9. But allegations the Chinese jabs are ineffective have been persistent from some quarters.

10. *The New York Times* and India's ABP News have reported that the Sinopharm and Sinovac jabs are ineffective at curbing transmissions.

11. They've reported that the countries receiving what China calls "a public good", including Chile and Mongolia, have seen a surge in new cases.

12. WANG WENBING Spokesperson, Chinese Foreign Ministry "Relevant allegations are nothing but a distortion of facts and sensational accusations. A leading official from Chile's health authorities said in response that he regretted to hear statements that Chile has problems with the vaccines, which is not true."

13. FENG YILEI Beijing "The Chilean government has stated on many occasions that real-world studies suggest the Sinovac vaccine is safe and effective.

14. This follows the green light from the WHO for the emergency use of relevant Chinese jabs— a strong testament to their safety and efficacy."

15. ZHONG NANSHAN China's Top Respiratory Expert "It turns out that the biggest advantages of Chinese inactivated vaccines are relative safety with very few side effects. And they have a protection against Delta variant. According to lab data, and in particular, over 160 cases from Guangzhou, the vaccines show protection among close contacts with or with our inoculation. It offers protection of over 60 percent against infection, and nearly 80 percent against severe disease."

16. FENG YILEI Beijing "The roots of the ongoing controversy surrounding Chinese vaccines may lie in the uneven distribution of vaccines across the globe.

17. While China already committed more than 350 million vaccine doses abroad by the end of May, the Biden administration in the U. S. failed to ful-

fill their pledge to donate 80 million COVID-19 vaccines to countries in need by the end of June.

18. Many developing countries are using the Chinese-made shots whereas Western countries mostly rely on vaccines made in the U. S. and Europe.

19. Meanwhile, most European and North American countries have still not accepted vaccines from China or even Astra Zeneca shots made in India, despite the WHO green lighting them.

20. All of this looks to increasingly be splitting the world into two.

21. The WHO has asked all government authorities to accept the vaccines that the UN health agency has authorized for emergency use.

22. This comes right after the EU launches its digital COVID-19 'vaccine passport' — meant to smoothen border crossings of those who have received shots licensed by the European Medicines Agency."

23. TEDROS ADHANOM WHO Director-General "I want to make it very clear that it is important that these do not lead to discrimination against those people and countries that have either a lack of vaccines or certain type of vaccine. And we expect all countries to recognize and accept those vaccines that WHO has approved."

24. FENG YILEI Beijing "In a recent Joint COVAX statement, the WHO says the unequal recognition of WHO-approved vaccines would 'create a two-tier system — further widening the global vaccine divide, exacerbating the inequities' and 'negatively impacting the growth of economies that are already suffering the most'."

Feng Yilei, CGTN.

第1段用到的话语策略包括4类。首先是命名策略，包括社会行为者，如世界卫生组织（World Health Organization），他们（they）；事件，如紧急使用（emergency use）；过程，如表示（say），包括（include），批准（approve），开始（start），开放（open）。述谓策略，包括积极的词汇，如任何疫苗（any vaccine），批准（approve），认可（recognize），开放边界（open their borders）。视角化策略，如世界卫生组织（World Health Organization）；弱化策略，如应该（should）。

第2段用到的话语策略包括2类。首先是命名策略，包括社会行为者，如他们（they）；过程，如是（are），面对（face）。转折连词，如但（But）。

第3段用到的话语策略包括3类。首先是命名策略，包括社会行为者，世界卫生组织（The WHO），领先的国际组织（leading international organizations）；事件，如疫苗推出（rollout of vaccines）；过程，如呼吁（call on），加速（speed up）。述谓策略，包括积极的词汇，如呼吁（calling on），加速（speed up）。视角化策略，如世界卫生组织（The WHO）。

第4段用到的话语策略包括2类。首先是命名策略，包括事件，如疫苗覆盖率（vaccine coverage）；过程，如达到（reach）。述谓策略，包括积极的词汇，每个国家至少达到40%的疫苗覆盖率（reach at least 40 percent vaccine coverage in every country）。

第5段句用到的话语策略包括3类。首先是命名策略，包括社会行为者，如中国（China）；事件，40%的目标（the 40 percent goal），COVID接种（COVID inoculations）；过程，如实现（achieved），达到（hitting）。述谓策略，包括积极的词汇，如实现了40%的目标（achieved the 40 percent goal），提前（ahead of time）。强化策略，如远超（way），超过（more than）。

第6段用到的话语策略包括3类。首先是命名策略，包括社会行为者，如我们（We）；事件，如群体免疫（the herd immunity）；过程，如拥有（have），达到（reach）。述谓策略，包括积极的词汇，如疫苗接种的能力（the capacity of vaccination），疫苗数量（the amount of vaccines）。视角化策略，如邵一鸣（SHAO YIMING）。

第 7 段用到的话语策略包括 3 类。首先是命名策略，包括事件，如努力（efforts）；过程，做出（made）。述谓策略，包括积极的词汇，如努力（efforts），取得显著差异（make remarkable differences）。强化策略，一些（some），显著（remarkable）。

第 8 段用到的话语策略包括 2 类。首先是命名策略，包括社会行为者，如数以万计（tens of thousands）；事件，如疫苗接种（vaccinations），中国共产党的百年庆典（the grand centurial ceremony of the CPC）；过程，如被允许（allowed），脱掉（take off）。述谓策略，包括积极的词汇，如被允许（allowed），脱掉（take off）；消极的词汇，如他们的口罩（their masks）。

第 9 段用到的话语策略包括 2 类。首先是命名策略，包括事件，如指控（allegations），中国疫苗（the Chinese jabs）；过程，如是（are），被（been）。述谓策略，包括消极的词汇，如无效（ineffective），持续（persistent）。转折连词，如但（But）。

第 10 段用到的话语策略包括 3 类。首先是命名策略，包括社会行为者，如《纽约时报》（*The New York Times*），印度 ABP 新闻电视台（India's ABP News）；事件，如中国国药和中国科兴疫苗（Sinopharm and Sinovac jabs）；过程，如报道（reported），是（are）。述谓策略，包括消极的词汇，如无效于遏制传播（ineffective at curbing transmissions）。视角化策略，如《纽约时报》（*The New York Times*），印度 ABP 新闻电视台（India's ABP News）。

第 11 段用到的话语策略包括 3 类。首先是命名策略，包括社会行为者，如他们（They），各国（the countries），中国（China），智利和蒙古（Chile and Mongolia）；事件，如新病例激增（surge in new cases）；过程，如报道（reported），接到（receiving），呼吁（calls），看到（seen）。述谓策略，包括积极的词汇，如“一种公共产品”（“a public good”）；消极的词汇，如新病例激增（surge in new cases）。视角化策略，如《纽约时报》（*The New York Times*），印度 ABP 新闻电视台（India's ABP News）。

第 12 段用到的话语策略包括 4 类。首先是命名策略，包括社会行为者，如智利卫生当局的一位高级官员（A leading official from Chile's health authorities），他（he），智利（Chile）；事件，如相关指控（Relevant allegations）；过程，如是（are），说（said），遗憾（regretted），听到（hear），有（has）。述谓策略，包括消极的词汇，如事实扭曲（a distortion of facts），耸人听闻的指控（sensational accusations），问题（problems），不真实（not true）。视角化策略，如汪文斌（WANG WENBIN）。强化策略，如无非是（nothing but）。转折连词，如但（but）。

第 13 段用到的话语策略包括 4 类。首先是命名策略，包括社会行为者，如智利政府（The Chilean government）；事件，如实地研究（real-world studies）；过程，如陈述（stated），暗示（suggest），是（is）。述谓策略，包括积极的词汇，如安全有效（safe and effective）。视角化策略，如智利政府（The Chilean government）。强化策略，如许多（many）。

第 14 段用到的话语策略包括 3 类。首先是命名策略，包括事件，如紧急使用（emergency use）；过程，如随之而来（follows）。述谓策略，包括积极词汇，如绿灯（the green light），有力证明（a strong testament），安全和有效性（safety and efficacy）。强化策略，如强有力的（strong）。

第 15 段用到的话语策略包括 4 类。首先是命名策略，包括事件，如接种（inoculation）；过程，如结果是（turns out），是（are），有（have），显示（show），提供（offers）。述谓策略，包括积极的词汇，如优势（advantage），安全性（safety），副作用少（few side effects），提供保护（protection），对抗感染（against infection），对抗严重疾病（against severe disease）；消极的词汇，如德尔塔变种（Delta variant），密切接触者（close contacts）。视角化策略，如钟南山（ZHONG NAN-SHAN）。强化策略，如最大的（biggest），非常（very），超过（over），几乎（nearly）。弱化策略，如相对的（relative）。

第16段用到的话语策略包括3类。首先是命名策略，包括事件，如争议（the controversy）；现象，如不均匀分配（the uneven distribution）；过程，如在于（lie）。述谓策略，包括消极的词汇，如争议（controversy），不均匀分配（the uneven distribution）。弱化策略，如可能（may）。

第17段用到的话语策略包括3类。首先是命名策略，包括社会行为者，如中国（China），美国拜登政府（the Biden administration in the U. S.）；现象，如疫苗剂量（vaccine doses）；事件，如承诺（pledge）；过程，如承诺（committed），未能（failed），履行（fulfill），捐赠（donate）。述谓策略，包括积极的词汇，如承诺（commit），捐赠（donate），有需要的地方（in need）；消极的词汇，如未能（failed）。强化策略，如超过（more than）。

第18段用到的话语策略包括2类。首先是命名策略，包括社会行为者，如发展中国家（developing countries），西方国家（Western countries）；过程，如是（are），使用（using），依赖（rely on），制造（made）。强化策略，如许多（many），大多数（mostly）。转折连词，如而在于（whereas）。

第19段用到的话语策略包括4类。首先是命名策略，包括社会行为者，如欧洲和北美国家（European and North American countries）；过程，如接受（accepted），制造（made）。述谓策略，包括积极的词汇，如批准（green lighting）；消极的词汇，如未被接受（not accepted）。视角化策略，如欧洲和北美国家（European and North American countries）。强化策略，如大多数（most）。转折介词，如尽管（despite）。

第 20 段用到的话语策略包括 3 类。首先是命名策略，包括过程，如看起来（looks），分裂（splitting）。述谓策略，包括消极的词汇，如分裂（splitting）。强化策略，如所有（all），日益（increasingly）。

第 21 段用到的话语策略包括 4 类。首先是命名策略，包括社会行为者，如世界卫生组织（The WHO），政府当局（government authorities），联合国卫生机构（the UN health agency）；事件，如紧急使用（emergency use）；过程，如要求（asked），接受（accept），授权（authorize）。述谓策略，包括积极的词汇，如接受（accept），授权（authorized）。视角化策略，如世界卫生组织（The WHO）。强化策略，如所有（all）。

第 22 段用到的话语策略包括 4 类。首先是命名策略，包括社会行为者，如欧盟（the EU），欧洲药品管理局（the European Medicines Agency）；事件，如数字 COVID－19“疫苗护照”（digital COVID－19 “vaccine passport”）；过程，如推出（come），启动（launches），意味着（meant），顺利（smoothen），收到（received），获得许可（licensed）。述谓策略，包括积极的词汇，如顺利（smoothen），获得许可（licensed）。视角化策略，如欧盟（the EU）。强化策略，如正确（right）。

第 23 段用到的话语策略包括 4 类。首先是命名策略，包括社会行为者，如我（I），我们（we），所有国家（all countries），世界卫生组织（WHO）；现象，如歧视（discrimination），疫苗短缺（a lack of vaccine）；过程，如希望（want），做（make），是（is），做（do），导致（lead to），拥有（have），期待（expect），认可（recognize），接受（accept），批准（approved）。述谓策略，包括积极的词汇，如清晰

(clear)，重要（important），认可（recognize），接受（accept），批准(approved)；消极，如歧视（discrimination），短缺（lack）。视角化策略，如谭德赛（TEDROS ADHANOM）。强化策略，如非常（very），所有（all）。

第 24 段用到的话语策略包括 3 类。首先是命名策略，包括社会行为者，如世界卫生组织（the WHO）；事件，如对世界卫生组织批准的疫苗不公平的认可（the unequal recognition of WHO-approved vaccines）；现象，如 COVAX 联合声明（Joint COVAX statement），两级制度（two-tier system）；过程，如说（says），创建（create），拓宽（widen），加剧（exacerbate），影响（impact），正在受到（are），遭受（suffering）。述谓策略，包括积极的词汇，如增长（growth）；消极的词汇，如拓宽(widening)，加剧（exacerbating），负面影响（negatively impacting），受苦（suffering）。视角化策略，如世界卫生组织（the WTO）。

综上所述，两篇典型的文本，第一篇在时态、介入资源、报道者身份三方面符合分布最多的典型的分布特征，第二篇在时态、介入资源、报道者身份三方面符合分布最少的非典型的特征。从内容上看，第一篇是有关中国疫情稳定向好的积极正面的报道，第二篇是对质疑中国疫苗安全的有力还击。就话语策略而言，我们分析了四类，包括命名、述谓、视角化和强化/弱化策略。发现命名策略主要集中在社会行为者、事件、现象和过程。主要以政府官员、权威人士、专家为主；涉及疫情暴发等事件，以表示承认的动词为主。述谓策略主要包括表示积极和消极的词汇。新闻报道的视角主要从政府官员、权威人士、专家的角度，很少有普通民众或总称。强化/弱化策略主要使用程度副词，出现频率相对较低。

本章应用话语历史分析法（DHA）的分析框架，从主题和内容分析、互文性分析中的重复和引用以及话语策略三个方面研究了 CPHBN

中 766 个文本，近 450 754 词的正面积极的中国国家形象的构建。得出 CPHBN 主要使用上述话语策略，构建在全球公共卫生事件来临时，主动面对困境、负责任、有担当、积极与全球各国合作的大国自塑形象。

9 结 论

在本章中，我们将对本研究作一下总结。首先总结本研究的主要发现及意义。其次探讨本研究的局限以及未来研究方向。

9.1 本研究的发现及意义

本研究建立了一套较为系统的四维分析框架，从间接引语的时态分布、介入资源及搭配的分布搭配、被报道者身份以及话语历史分析法对公共卫生广播新闻语料库（CPHBN）中的国家形象构建进行了较为全面和较为系统的研究。在总结前人发现的基础上，本文加以扩展和深化，在语料库实证分析的基础上总结如下：

1. 分析了间接引语的时态分布特征。从不同时态报道动词、从句动词及时态搭配的分布情况三个方面考察。主要发现如下：

首先，对报道动词词型数和词次数的统计分析表明：①在 CPHBN 的时态总数分布上，现在时报道动词的词型数和词次数占显著优势。②在时态不一致搭配中的报道动词的词次数上，过去时报道动词的词次数显著多于现在时、现在完成时和过去完成时报道动词。

其次，对从句动词的词次数分布情况的统计分析表明：①在词型数和词次数方面，意图绝对时的 4 种时态类型均显著多于意图相对时的 3 种时态类型和真正绝对时态的 2 种时态类型。②在时态不一致搭配中的从句动词的词次数上，意图现在完成时和意图过去完成时存在超用现象。

最后，就时态不一致搭配类型数和频次而言：①过去时报道动词与意图绝对时从句动词的组合数量较多，超过现在时报道动词的组合数量。②意图绝对时从句动词的数量多于意图相对时从句动词，并且存在多种组合，尤其以意图绝对时搭配意图绝对时为主。

2. 分析了间接引语的介入资源及搭配的分布特征。从扩展资源、收缩资源及介入资源搭配分别具有的人际意义构建功能三个方面考察。主要发现如下：

首先，①对承认资源的分析表明，在报道动词方面，常用现在时报道动词来开启对话空间，报道者倾向于采用现在时来报道过去发生的事件。在从句动词的时态分布方面，不论是承认资源还是疏远资源，意图绝对现在时是最常见的时态。②接纳资源主要出现在现在时报道动词和意图绝对时从句动词中（包括意图绝对现在时、意图绝对过去时、意图现在完成时和意图现在将来时）。此外，意图相对时只在意图相对过去时的从句动词中出现。

其次，就否定和反对资源而言，现在时报道动词的使用反映了报道者对命题内容的认同，而意图绝对现在时的从句动词则表达了被报道者对命题内容的支持和肯定。CPHBN 中的现在时报道动词承载了报道者的否定和反对立场，而意图绝对现在时等意图绝对时态从句动词主要承担了被报道者的否定立场。

最后，①［对话扩展］+［对话扩展］资源搭配的类型中，［承认］+［接纳］资源搭配数量最多，其次为［承认］+［承认］、［接纳］+［接纳］，［疏远］+［接纳］类型最少。②［承认］+［否定］

搭配的数量最多，其次是［承认］+［背书］、［接纳］+［否定］，最少的是［承认］+［同意］和［疏远］+［否定］。③在［对话收缩］+［对话扩展］资源的总体使用上偏少，仅有三种，其中使用相对较高的是［背书］+［接纳］，使用偏少的是［背书］+［承认］和［背书］+［疏远］。④在［对话收缩］+［对话收缩］资源的使用上，搭配类型较少，仅有一种搭配。⑤就时态的使用而言，报道者和被报道者倾向使用现在时和过去时报道动词分别与意图绝对时搭配，较少使用意图相对时。

3. 就被报道者的身份分布以及被报道者身份与时态和介入资源的共现特征而言，主要分析了三个方面，分别是：被报道者身份的分布特征、被报道者身份与时态的互动及被报道者身份与介入资源的互动。主要发现如下：

首先，新闻报道倾向于选择外引具体的权威人士的观点和态度，如：政治人物、政府、国家和超国家机构，（医疗）专家和科学家，其他精英、家喻户晓人物及公司，对于普通人、泛指及国家地点名称的使用显著减少。

其次，①被报道者身份与时态的互动中，报道动词以现在时报道动词为主，从句动词以意图绝对时为主，时态搭配则以现在时报道动词和意图绝对时的搭配为主，这和时态分布的总体分布相一致。②与前三类身份，即政治人物、政府、国家和超国家机构，（医疗）专家和科学家，其他精英、家喻户晓人物及公司，搭配的意图绝对时态显著多于后三类，即泛指、普通人和地缘或文化上与读者相近。

最后，①针对前三类被报道者身份，报道者的主要采取承认和背书资源。②政治人物、政府、国家和超国家机构，（医疗）专家和科学家中，对话扩展中的接纳资源显著多于否定资源。③报道者通常不显示报道立场，采取中立的态度；而被报道者通常采取认可所述为可能的观点之一，不否定其他观点的存在。

4. 应用话语历史分析法（DHA）对 CPHBN 中国家形象的构建的研究主要从三个方面进行，分别是：主题词分析、互文性分析及话语策略分析。主要发现如下：

首先，主题词和话题分为：公共卫生事件、经济、报道者身份和态度词汇。反映了我国向世界传达的积极的国家形象：关注公共卫生事件、努力恢复和发展生产、权威直接发声、重视发展教育。

其次，CPHBN 主要重复使用表示自身态度的积极词汇，同时引用包括中外谚语、法律法规条例在内的显性互文性话语，强调中国抗疫符合全球人民的共同利益、共同福祉，突显政策的合法性和正当性。全球人民应该合作，而非分裂，一起构建全球命运共同体。

最后，话语策略的分析表明，CPHBN 的话语策略包括：命名策略中的报道者身份、人称代词等；述谓策略中的时态、介入资源、积极和消极的形容词、谓语动词等；论辩策略中的影响、数字、法律和秩序、财富等；视角化策略中的报道者身份、介入资源等；强化/弱化策略中的程度副词等。构建了中国有担当、有责任感的负责任大国的正面形象。

上述四个维度上的研究发现，中国的外宣媒体采用讲事实、举例子、摆道理的分析和论证，以事实为依据，以客观性为准绳，在报道立场上不卑不亢，努力建构国家积极正面的形象。不管是在时态等客观报道的呈现上、在与潜在的观众的人际意义的协商上，还是在被报道者身份的分布上，以及在多样性的话语策略的使用上，既符合国际惯例，又具备自身特点。下一步可以丰富消息的引用来源，如普通民众的声音；利用短视频和社交网络，及时发布视频，扩大影响力。

9.2 本研究的局限及未来研究方向

本研究是应用话语历史分析法（DHA），从间接引语的时态分布、介入资源的人际功能、被报道者身份及话语策略四个方面研究国家形象构建的较为系统的研究。尽管已尝试做到系统化和全面性，本文仍存在局限，具体体现在以下四个方面：

（1）本文的研究对象 CPHBN 仅包含中国媒体 CGTN 的广播新闻语料。尽管已收集并建立了同时段 2020—2023 年的有关中国公共卫生事件的 CNN 的广播新闻语料，但由于篇幅和时间有限，尚待进一步地处理和比较。

（2）在新闻报道的接受度上，本研究尚未涉及。如国外观众如何看待 CGTN 的广播新闻，给予何种反馈？在客观性、准确性、呈现方式等方面有哪些优点和缺点？

（3）本研究仅研究了语言文字一种模态。作为广播新闻，下一步可以从多模态语篇分析入手，研究包括图片、声音、表情、手势等副语言特征的分布和呈现。

（4）本研究仅研究了官方媒体的新闻报道，对于社交网络平台，如新浪微博、TikTok、Facebook 等，尚待进一步研究。

参考文献

一、中文文献

（一）著作

［1］管文虎．国家形象论［M］．成都：电子科技大学出版社，2000.

［2］胡晓明．国家形象：探究中国国家形象构建新战略［M］．北京：人民出版社，2011.

（二）期刊

［1］陈晗霖．话语—历史分析：趋势与展望［J］．现代外语，2023，46（6）.

［2］邓仁华，杨帆．评价框架视阈下中美新冠肺炎疫情报道和国家形象建构研究［J］．外语研究，2022，39（1）.

［3］董丹．语篇—历史视角下意大利主流媒体“一带一路”倡议报道的文本分析［J］．外语学刊，2018（6）.

［4］胡元江，李艳．媒体话语合法化建构的历史语篇分析：中美主流媒体贸易摩擦报道的对比研究［J］．外国语文，2023，39（4）.

［5］黄国文，徐珺．语篇分析与话语分析［J］．外语与外语教学，2006（10）.

［6］季丽珺．批判性话语分析的“话语—历史”方法：以《华盛

顿邮报》的涉华气候报道为例 [J]. 长春工业大学学报（社会科学版），2013，25（4）.

[7] 刘小燕. 关于传媒塑造国家形象的思考 [J]. 国际新闻界，2002（2）.

[8] 孙有中. 国家形象的内涵及其功能 [J]. 国际论坛，2002（3）.

[9] 田海龙. 语篇研究的批评视角 [J]. 外语教学与研究，2008（5）.

[10] 王磊，周乔. 能源话语与美国国内政治博弈：基于话语—历史分析法的特朗普能源话语策略分析 [J]. 中国石油大学学报（社会科学版），2021，37（1）.

[11] 王振华，马玉蕾. 评价理论：魅力与困惑 [J]. 外语教学，2007（6）.

[12] 项蕴华. 维也纳学派语篇—历史分析方法及其在中国的方法 [J]. 武汉大学学报（人文科学版），2013，66（1）.

[13] 辛斌. 语言、权力与意识形态：批评语言学 [J]. 现代外语，1996（1）.

[14] 辛斌，刘辰. van Dijk 的社会：认知话语分析 [J]. 外语学刊，2017（5）.

[15] 徐小鸽. 国际新闻传播中的国家形象问题 [J]. 新闻与传播研究，1996（2）.

[16] 杨敏，符小丽. Ruth Wodak 政治话语分析中的政治观研究 [J]. 中国外语，2018，15（6）.

[17] 杨敏，符小丽. 基于语料库的“历史语篇分析”（DHA）的过程与价值：以美国主流媒体对希拉里邮件门的话语建构为例 [J]. 外国语（上海外国语大学学报），2018，41（2）.

[18] 杨敏，侍怡君．中美贸易战中美方“合法化”话语建构：基于语料库的话语-历史分析［J］．外语研究，2021，38（3）．

[19] 杨敏，王敏．Ruth Wodak 话语—历史分析法中的哲学社会学思想探索［J］．外语教学与研究，2019，51（3）．

[20] 尤泽顺．领导人平民化话语与国家形象构建：习近平主席外访演讲分析［J］．天津外国语大学学报，2016，23（5）．

[21] 尤泽顺，陈建平．历史话语与中国“和平崛起”的理念建构［J］．广东外语外贸大学学报，2010，21（3）．

[22] 张德禄，刘秀丽．批评话语分析中的词汇语法［J］．中国海洋大学学报（社会科学版），2011（2）．

[23] 张鹏，侯福莉．《华尔街日报》中华为企业形象的“话语—历史”分析［J］．重庆交通大学学报（社会科学版），2023，23（4）．

[24] 张睿，常红宁．话语历史分析视角下中国形象的话语建构：以 2019 年“总理答记者问”口译话语为例［J］．外语教育研究，2021，9（2）．

[25] 曾蕊蕊．话语—历史分析视角下中国形象的话语建构：以 2020 年至 2022 年新冠肺炎疫情期间习近平主席对外讲话为例［J］．外语研究，2023，40（2）．

[26] 张玮伦．核心素养视域下话语：历史分析法对高中英语阅读教学的启示［J］．现代中小学教育，2021，37（3）．

[27] 赵林静．话语历史分析：视角、方法与原则［J］．广东外语外贸大学学报，2009，20（3）．

（三）其他

[1] 包伟玲．中国环境形象建构的话语历史分析［D］．广州：华南理工大学，2022．

[2] 常志红．语篇历史分析法视角下中美汽车企业年报（2016—

2018）中企业身份构建的比较研究［D］. 长春：吉林大学，2020.

［3］康笑聪. 基于话语—历史分析的中美政府工作报告中经济主题文本的语篇策略对比研究［D］. 大连：大连外国语大学，2019.

［4］李玲. 语篇历史视角下中美银行年报致股东信中企业身份建构的比较研究［D］. 北京：北京第二外国语学院，2022.

［5］李蕊秀. 基于语篇历史分析法的中美 ICT 企业年报风险话语建构模式分析［D］. 重庆：四川外国语大学，2020.

［6］刘敏. 语篇—历史分析方法视角下《纽约时报》美国非法移民身份建构研究［D］. 长春：吉林大学，2021.

［7］盛芝莹. 尼日利亚英文媒体人类命运共同体报道中的中国形象建构［D］. 杭州：浙江师范大学，2022.

［8］杨璨. 语篇历史视角下新闻语篇中能源企业身份建构研究［D］. 太原：中北大学，2023.

［9］张樾. 战争中的“内群体”建构：1938—1945 年《新华日报》涉南洋社论的话语—历史分析［D］. 重庆：重庆大学，2022.

［10］张艺琳. 语篇—历史分析法视角下中美政治语篇中的国家形象建构比较研究［D］. 长春：吉林大学，2021.

二、英文文献

（一）专著

［1］ANHOLT S. The Importance of National Reputation［M］. London：Foreign and Commonwealth Office，2008.

［2］BAKHTIN M. Speech Genres and Other Late Essays［M］. Austin：University of Texas Press，1986.

［3］BEDNAREY M，CAPLE H. The Discourse of News Values：How News Organizations Create Newsworthiness［M］. Oxford：Oxford University

Press, 2017.

[4] BOULDING K E. The image: Knowledge in life and society [M]. Michigan: University of Michigan Press, 1956.

[5] COHEN B C. Foreign Policy Makers and the Press [M]. New York: The Free Press, 1961.

[6] FAIRCLOUGH N. Discourse and social change [M]. Cambridge: Polity Press, 1992.

[7] FAIRCLOUGH N. Critical Discourse Analysis [M]. Harlow: Longman, 1995.

[8] FAIRCLOUGH N. Analysing Discourse: Textual Analysis for Social Research [M]. Hove: Psychology Press, 2003.

[9] KRISTEVA J. Word, dialogue and novel [M]. Oxford: Basil Blackwell, 1986.

[10] KUNCZIK M. Images of Nations and International Public Relations [M]. Mahwah: Lawrence Erlbaum Associates, 1997.

[11] MARTIN J R, WHITE P R R. The Language of Evaluation: Appraisal in English [M]. New York: Palgrave Macmillan, 2005.

[12] MENG X F, FENG W. National Image: China's Communication of Cultural Symbols [M]. Berlin: Springer, 2020.

[13] NIMMO D D , SAVAGE R L. Candidates and Their Images: Concepts, Methods, and Findings [M]. Los Angeles: Goodyear Publishing Company, 1976.

[14] NYE J S. Soft Power: The Means to Success in World Politics [M]. New York: Public Affairs, 2004.

[15] REISIGL M, WODAK R. Discourse and Discrimination: Rhetorics of Racism and Antisemitism [M]. London: Routledge, 2001.

[16] WODAK R, MEYER M. Methods of Critical Discourse Analysis [M]. London: Sage, 2009.

[17] RAMO J C. Brand China [M]. London: Foreign Policy Centre, 2007.

[18] REISIGL M. The discourse-historical approach [M]. New York: Routledge, 2017.

[19] SCOTT M. WordSmith Tools version 5 [M]. Liverpool: Lexical Analysis Software, 2008.

[20] HOLLEBRADSE B, VAN HOUT A, VET C. Crosslinguistic Views on Tense, Aspect and Modality [M]. Amsterdam: Rodopi, 2005.

[21] WANG M T. Representation of China's Image on The Globe and Mail: A Corpus-Based Critical Discourse Analysis from the Perspective of van Dijk's Ideology Square [M]. Ottawa: University of Ottawa, 2021.

[22] WODAK R. Disorders of Discourse [M]. London: Longman, 1996.

[23] WODAK R. The Discourse-Historical Approach [M]. London: Sage, 2001.

[24] WODAK R. Qualitative Discourse Analysis in the Social Sciences [M]. London: Palgrave, 2008.

[25] WODAK R. The Discourse of Politics in Action: Politics as Unusual [M]. London: Palgrave, 2009.

[26] WODAK R. The Politics of Fear: What Right-wing Populist Discourses Mean [M]. London: Sage, 2015.

[27] WODAK R B. The Routledge Handbook of Language and Politics [M]. London: Routledge, 2018.

[28] WODAK R, LUDWIG C. Challenges in a Changing World: Issues

in Critical Discourse Analysis [M]. Wien: Passagen Verlag, 1999.

[29] WODAK R, VETTER E. Competing Professions in Times of Change: The Discursive Construction of Professional Identities in TV Talk-Shows [M] //WODAK R, LUDWIG C. Challenges in a Changing World: Issues in Critical Discourse Analysis. Wien: Passagen Verlag, 1999.

[30] WODAK R, WEISS G. Analyzing European Union discourses: Theories and applications [M] //WODAK R, CHILTON P. A New Agenda in (Critical) Discourse Analysis: Theory, Methodology and Interdisciplinary. Amsterdam: John Benjamins, 2005.

[31] WODAK, R, DE CILLIA R M , K. LIEBHART R. The Discursive Construction of National Identity [M]. Edinburgh: Edinburgh University Press, 2009.

[32] WODAK R, NOWAK P, PELIKAN J, et al. Wir Sind Alle Unschuldige Täter! Diskurshistorische Studien zum Nachkriegsantisemitismus (Suhrkamp Taschenbuch Wissenschaft) [M]. Berlin: Springer, 1990.

[33] ZENG Q. Comparative Research on the Reports of COVID-19 in China from The Guardian/The Daily Telegraph. Master Thesis [M]. Groningen: University of Groningen, 2022.

(二) 期刊

[1] ABBAS A H. Politicizing the Pandemic: A Schemata Analysis of COVID-19 News in Two Selected Newspapers [J]. International Journal for the Semiotics of Law-Revue Internationale de Sémiotique Juridique, 2022, 35 (1).

[2] ALPERMANN B, MALZER M. " In Other News": China's International Media Strategy on Xinjiang—CGTN and New China TV on YouTube [J]. Modern China, 2023.

[3] BAI G H. Fighting COVID-19 with Mongolian fiddle stories [J]. Multilingua-Journal of Cross-Cultural and Interlanguage Communication, 2020, 39 (5).

[4] BAKER P, GABRIELATOS C, KHOSRAVINIK M, et al. A useful methodological synergy? Combining critical discourse analysis and corpus linguistics to examine discourses of refugees and asylum seekers in the UK press [J]. Discourse and Society, 2008, 19 (3).

[5] BEDNAREK M, CAPLE H. 'Value added': Language, image and news values [J]. Discourse, Context and Media, 2012, 1 (2-3).

[6] BEDNAREK M, CAPLE H. Why do News Values Matter? Towards a New Methodological Framework for Analysing News Discourse in Critical Discourse Analysis and Beyond [J]. Discourse and Society, 2014, 25 (2).

[7] BOULDING K E. National Images and International Systems [J]. Journal of Conflict Resolution, 1959, 3 (2).

[8] BORZA N. What Makes the Wuhan Virus American? The Discursive Strategies of Legitimising and Delegitimising a Coronavirus Conspiracy Theory [J]. Linguistik online, 2023, 119 (1).

[9] CALIENDO G. Vaccine Nationalism or 'Brexit Dividend'? Strategies of Legitimation in the EU-UK Post-Brexit Debate on COVID-19 Vaccination Campaigns [J]. Societies, 2022, 12 (2).

[10] CHEN X. Fighting COVID-19 in East Asia: The Role of Classical Chinese Poetry [J]. Multilingua, 2020, 29 (5).

[11] COMRIE B. Tense in Indirect Speech [J]. Folia Linguistica, 1986, 20 (3-4).

[12] DAVIDES K, VANDELANOTTE L. Tense Use in Direct and In-

direct Speech in English [J]. Journal of Pragmatics, 2011, 43 (1).

[13] DECLERCK R. Sequence of Tenses in English [J]. Folia Linguistica, 1988, 24.

[14] DU C, CHEN M. COVID-19 in the US and Chinese Media: A Contrastive Analysis of Metaphors Across Languages [J]. US-China Foreign Language, 2022, 20 (11).

[15] EHLICH K. Development of Writing as Social Problem Solving [J]. Writing in Focus, 1983, 24.

[16] ELYAS T, ALJABRI A, MUJADDADI A, et al. Politicizing COVID-19 Lingua in Western and Arab Newspapers: A Critical Discourse Analysis [J]. International Journal for the Semiotics of Law = Revue Internationale de Sémiotique Juridique, 2023, 36 (2).

[17] ENGDTRÖM R, PARADIS C. The In-Group and Out-Groups of the British National Party and the UK Independence Party: A Corpus-Based Discourse-Historical Analysis [J]. Journal of Language and Politics, 2019, 14 (4).

[18] FAN Y J, PAN J, SHENG J. Strategies of Chinese State Media on Twitter [J]. Political Communication, 2023, 41 (1).

[19] HAFNER C A, SUN T. The 'Team of 5 Million': The Joint Construction of Leadership Discourse During the Covid-19 Pandemic in New Zealand [J]. Discourse Context Media, 2021, 43.

[20] HAN L. Reading Chinese Anti-Covid-19 Pandemic Narratives on Facemasks as the Art of Disaster Governance: A Semiotic and Biopolitical Survey [J]. Social Semiotics, 2020, 33 (2).

[21] HELLMANN O, OPPERMANN K. Photographs as Instruments of Public Diplomacy: China's Visual Storytelling during the Covid-19 Pandemic

[J]. The Hague Journal of Diplomacy, 2022, 17 (2).

[22] HUANG C P, DENG M H. China Opportunity or China Threat? A Corpus-Based Study of China's Image in Australian News Discourse [J]. African Journalism Studies, 2021, 42 (2).

[23] WU H J, TURIMAN S, AZIZ A A A. The Metaphors of China's COVID-19 News Commentary and its Social Mobilization Function [J]. International Journal of Academic Research in Business and Social Sciences, 2022, 12 (5).

[24] JI K X, YANG Z T, ZHOU M Q. Cognitive Attitudes of International Mainstream Media to China during the Contaminated Water and Human Health Under Big Data [J]. Journal of Environmental and Public Health, 2022 (28).

[25] JI P. Masking Morality in the Making: How China's Anti-Epidemic Promotional Videos Present Facemask as a Techno-Moral Mediator [J]. Social semiotics, 2022, 33 (3).

[26] JIA W S, LU F Z. US Media's Coverage of China's Handling Of COVID-19: Playing the Role of the Fourth Branch of Government or the Fourth Estate? [J]. Global Media and China, 2023, 6 (1).

[27] JING E, AHN Y Y. Characterizing Partisan Political Narrative Frameworks about COVID-19 on Twitter [J]. EPJ Data Science, 2021, 10 (1).

[28] JU W L, SANNUSI S N, MOHAMAD E. " Public Goods" or "Diplomatic Tools": A Framing Research on Chinese and American Media Reports Regarding Chinese COVID-19 Vaccine [J]. Media Asia, 2023, 50 (1).

[29] KLEPPE I A, MOSSBERG L. Country Image: A Reflection of the

Significance of the Other [J]. ACR North American Advances, 2005.

[30] LI X, CHITTY N. Reframing National Image: A Methodological Framework [J]. Conflict and Communication Online, 2009, 8 (2).

[31] LIU Q Y, ANG L H, WAHEED M, et al. Appraisal Theory in Translation Studies: A Systematic Literature Review [J]. Pertanika Journal of Social Sciences and Humanities, 2022, 30 (4).

[32] LIU C. Social Media Perspective on National Image: A Corpus-based Critical Discourse Analysis [J]. Revista Argentina de Clínica Psicológica, 2020, 29 (1).

[33] LIU M, AHAO R, NGAI C S B. Vaccines, Media and Politics: A Corpus-Assisted Discourse Study of Press Representations of the Safety and Efficacy of COVID-19 Vaccines [J]. PLoS One, 2022, 17 (12).

[34] LI L, GAO F. Contrasting Semantic and Sentimental Features Between Chinese and American Economic News Discourse in the Epidemic Era: A Corpus-Based Critical Discourse Analysis. Social Sciences and Humanities Open, 2023, 7 (1).

[35] LI Z, ZHAO R, LOU B. Corpus-Based Critical Discourse Analysis of Reporting Practices in English News Reports on Public Health Event in China and United States [J]. Frontiers in Psychology, 2023, 14.

[36] LV J, LI R. On the Discourse Construction of China's Image in Fighting Covid-19 from a Corpus-Based Discourse Historical Approach Perspective [J]. IETI Transactions on Social Sciences and Humanities, 2021, 12.

[37] MARTIN I M, EROGLU S. Measuring a Multi-Dimensional Construct: Country Image [J]. Journal of Business Research, 1993, 28 (3).

[38] MEADOWS C Z, TANG L, ZOU W. Managing Government Le-

gitimacy During the COVID-19 Pandemic in China: A Semantic Network Analysis of State-Run Media Sina Weibo Posts [J]. Chinese Journal of Communication, 2022, 15 (2).

[39] PENG Z. Representation of China: An Across Time Analysis of Coverage in the New York Times and Los Angeles Times [J]. Asian Journal of Communication, 2004, 14.

[40] PENG Z, HU Z. A Bibliometric Analysis of Linguistic Research on COVID-19 [J]. Frontiers in Psychology, 2022: 13.

[41] RIGTER B. Intentional Domains and the Use of Tense, Perfect and Modals in English [J]. Journal of Semantics, 1982 1 (2).

[42] SCOTT W A. Psychological and Social Correlates of International Images. InInternational Behaviour: A Socio-Psychological Analysis [J]. Holt, Rinehart and Winston, 1965, 47.

[43] SMITH D D. Mass Communications and International Image Change [J]. In Journal of Conflict Resolution, 1971, 17 (1).

[44] SUN Y. A Study of the Discourse Subjects of the Winter Olympics-Based on China Daily [J]. Studies in Social Science and Humanities, 2022, 1 (1).

[45] TAO Y. Who Should Apologise: Expressing Criticism of Public Figures on Chinese Social Media in Times of COVID-19 [J]. Discourse and Society, 2021, 32 (5).

[46] VANDELANOTTE L. Tense in Indirect Speech or Thought: Some Proposed Modifications [J]. Cahiers Chronos Chronos, 2005 (13).

[47] VANDELANOTTE L. Speech or Thought Representation and Subjectification, or on the Need to Think Twice [J]. Belgian Journal of Linguistics, 2006, 20 (1).

[48] VANDELANOTTE L, DAVIDSE K. The Emergence and Structure of Be Like and Related Quotatives: A Constructional Account [J]. Cognitive Linguistics, 2009, 20 (4).

[49] WANG Y. Legitimation Strategies in Political Rhetoric: Examples from Presidential Speeches on Covid - 19 [J]. Theory and practice in language studies, 2022, 12 (5).

[50] Wodak R. Critical Discourse Analysis at the End of the 20th Century [J]. Research on Language and Social Interaction, 1999, 32.

[51] YU Y. Resisting foreign hostility in China's English - language News Media during the COVID - 19 crisis [J]. Asian Studies Review, 2022, 46.

[52] YU Y T, TAY D, YUE Q. Media Representations of China Amid COVID-19: A Corpus-Assisted Critical Discourse Analysis [J]. Media International Australia, 2023, 191 (1).

[53] YU H L, LIU S Y. The Pandemic in Our Country, the Pandemic in Their Countries: News Values and Media Representation of the COVID-19 Pandemic [J]. Journalism Studies, 2023, 24 (10).

[54] ZHANG D. The Construction of National Image of China by English World Media in Public Health Emergencies [J]. Journal of Environmental and Public Health, 2022 (4).

[55] ZHANG C, LIU G, ZHANG S. Collective Identity Construction in the Covid-19 Crisis: A Multimodal Discourse-Historical Approach [J]. Journal of Language and Politics, 2022, 21 (6).

[56] ZHANG W, CHEUNG Y L. The Hierarchy of News Values - A Corpus-Based Diachronic and Cross-Cultural Comparison of News Reporting on Epidemics [J]. Journalism Studies, 2022, 23 (3).

[57] ZHANG L T, ZHAO S. Diaspora Micro - Influencers and COVID-19 Communication on Social Media: The Case of Chinese-Speaking YouTube Vloggers [J]. Multilingua, 2020, 39 (5).

[58] ZHANG C, ZHANG D, BLANCHARD P. International Broadcasting During Times of Conflict: A Comparison of China's and Russia's Communication Strategies [J]. Journalism Practice, 2022.

[59] ZHOU Y. China's Mediated Public Diplomacy Towards Japan: A Text-As-Data Approach [J]. Asian Journal of Communication, 2022, 32 (2).

(三) 其他

[1] YANG J, WANG H. Discursive Othering in the Fighting Against COVID-19: A Critical Discourse Analysis of the China-Related Coverage of COVID-19 [C]. New York: Atlantis Press, 2020.

[2] ZHANG N Z. War of Words: Constructing National Images and International Relations in US and Chinese News Discourses of Domestic and Foreign Protests [D]. Twin Cities: University of Minnesota, 2021.

[3] Reisigl M, Wodak R. The Discourse-Historical Approach (DHA) [C] //Wodak R, Meyer M. Methods for Critical Discourse Analysis. California: SAGE Publications, 2001.

[4] Xu J, Jia Y. BFSU Qualitative Coder 1. 1 [CP/DK]. National Research Center for Foreign Language Education, Beijing Foreign Studies University, 2011-10-26.

附　录

附录 1：BFSU Qualitative Coder 1.1 标注程序

[Politicians/Government institutions]

abbr = PolGov

begin = <PolGov>

end = </PolGov>

color = 0000FF

ico = ico \ 6. ICO

description = Politicians/Government institutions

[Health experts/scientists]

abbr = HeaSci

begin = <HeaSci>

end = </HeaSci>

color = 0000FF

ico = ico \ 6. ICO

description = Health experts/scientists

[Other elites/Household name]

abbr = OthEli/HouNam

begin = <OthEli/HouNam>

end = </OthEli/HouNam>

color = 0000FF

ico = ico \ 7. ICO

description = Other elites/Household name

the readers

[Ordinary people by names]
abbr = OrdPeoNam
begin = <OrdPeoNam>
end = </OrdPeoNam>
color = 0000FF
ico = ico \ 7. ICO
description = Ordinary people by names

[Role/general labels]
abbr = Rol/GenLab
begin = <Rol/GenLab>
end = </Rol/GenLab>
color = 0000FF
ico = ico \ 11. ICO
description = Role/general labels

[Places close to the readers]
abbr = PlaCloRea
begin = <PlaCloRea>
end = </PlaCloRea>
color = 0000FF
ico = ico \ 1. ICO
description = Places close to

[Deny]
abbr = Deny
begin = <Deny>
end = </Deny>
color = FF0000
ico = ico \ 10. ICO
description = deny 否定

[Counter]
abbr = Counter
begin = <Counter>
end = </Counter>
color = FF0000
ico = ico \ 11. ICO
description = counter 反对

[Concur]
abbr = Concur
begin = <Concur>
end = </Concur>
color = FF0000
ico = ico \ 12. ICO
description = concur 同意

[Pronounce]
abbr=Pronounce
begin=<Pronounce>
end=</Pronounce>
color=0000FF
ico=ico \ 4. ICO
description=pronounce 宣告

[Endorse]
abbr=Endorse
begin=<Endorse>
end=</Endorse>
color=FF0000
ico=ico \ 13. ICO
description=endorse 背书

[Entertain]
abbr=Entertain
begin=<Entertain>
end=</Entertain>
color=FF0000
ico=ico \ 14. ICO
description=entertain 接纳

[Acknowledge]
abbr=Acknowledge
begin=<Acknowledge>
end=</Acknowledge>
color=0000FF
ico=ico \ 1. ICO
description=acknowledge 承认

[Distance]
abbr=Distance
begin=<Distance>
end=</Distance>
color=0000FF
ico=ico \ 2. ICO
description=distance 疏远

[Past Reporting Verb]
abbr=PasRepVer
begin=<PasRepVer>
end=</PasRepVer>
color=0000FF
ico=ico \ 6. ICO
description=past reporting verb

[Past Perfect Reporting Verb]
abbr=PasPerRepVer
begin=<PasPerRepVer>
end=</PasPerRepVer>

color=0000FF

ico=ico \ 6. ICO

description=past Perfect reporting verb

[Present Reporting Verb]

abbr=PreRepVer

begin=<PreRepVer>

end=</PreRepVer>

color=0000FF

ico=ico \ 7. ICO

description=present reporting verb

[Present perfect Reporting Verb]

abbr=PreperRepVer

begin=<PreperRepVer>

end=</PreperRepVer>

color=0000FF

ico=ico \ 7. ICO

description=present perfect reporting verb

[Present Speaker's t_0]

abbr=Prespe

begin=<Prespe>

end=</Prespe>

color=0000FF

ico=ico \ 1. ICO

description=present speaker's t_0

[Present non-Speaker's t_0]

abbr=Prenon

begin=<Prenon>

end=</Prenon>

color=0000FF

ico=ico \ 2. ICO

description=present non-speaker's t0

[Present Speaker's Present Perfect]

abbr=PrespePreper

begin=<PrespePreper>

end=</PrespePreper>

color=0000FF

ico=ico \ 13. ICO

description = present speaker's Present Perfect

[Present Perfect]

abbr=Preper

begin=<Preper>

end=</Preper>

color=FF0000

ico=ico \ 3. ICO

description=present perfect

end=</PrespePasFut>

color=0000FF

ico=ico \ 15. ICO

description = present speaker's Past Future

[Absolute Past]

abbr=Abspas

begin=<Abspas>

end=</Abspas>

color=FF0000

ico=ico \ 5. ICO

description=absolute past

[Relative Past]

abbr=Relpas

begin=<Relpas>

end=</Relpas>

color=720c74

ico=ico \ MARK0028. ICO

description=relative past

[Past Future]

abbr=Pasfut

begin=<Pasfut>

end=</Pasfut>

color=FF5500

ico=ico \ 4. ICO

description=past future

[Past Perfect]

abbr=Pasper

begin=<Pastper>

end=</Pastper>

color=0080ff

ico=ico \ MARK0026. ICO

description=past perfect

[Present Speaker's Past Future]

abbr=PrespePasFut

begin=<PrespePasFut>

[Conditional Tense]

abbr=cond

begin=<Cond>

end=</Cond>

color = FF5500

ico = ico \ 2. ICO

description = conditional tense

[Future Tense]

abbr = Futu

begin = <Futu>

end = </Futu>

color = FF5500

ico = ico \ 2. ICO

description = Future Tense

[Present Speaker's Future Tense]

abbr = PrespeFut

begin = <PrespeFut>

end = </PrespeFut>

color = 0000FF

ico = ico \ 14. ICO

description = present speaker's Future Tense

[Modal Tense]

abbr = Moda

begin = <Moda>

end = </Moda>

color = FF5500

ico = ico \ 3. ICO

description = Modal Tense

[Conditional Present non-Speaker's t_0]

abbr = CondPrenon

begin = <CondPrenon>

end = </CondPrenon>

color = 0000FF

ico = ico \ 8. ICO

description = Conditional present non-speaker's t0

[Conditional Present Perfect]

abbr = CondPreper

begin = <CondPreper>

end = </CondPreper>

color = FF0000

ico = ico \ 9. ICO

description = Conditional present perfect

[Conditional Past]

abbr = Condpas

begin = <Condpas>

end=</Condpas>

color=FF0000

ico=ico \ 10. ICO

description=conditional past

[Consitional Past Future]

abbr=CondPasfut

begin=<CondPasfut>

end=</CondPasfut>

color=FF5500

ico=ico \ 11. ICO

description=Conditional past future

[Conditional Past Perfect]

abbr=CondPasper

begin=<CondPastper>

end=</CondPastper>

color=0080ff

ico=ico \ MARK0027. ICO

description=Conditional past perfect

[Conditional Future Tense]

abbr=CondFutu

begin=<CondFutu>

end=</CondFutu>

color=FF5500

ico=ico \ 12. ICO

description=Conditional Future Tense

附录 2：检索搭配类型及总频次的 **Python** 代码

（琼台师范学院李援博士开发）：

1）读取文件，按照文本编码方式解析并获取文件内容。

```
#获取文件文本
importchardet


defget_txt（txt_fname）:
    withopen（txt_fname，'rb'）as fp:
        raw =fp. read（）
        encoding =chardet. detect（raw）


    t1 =raw. decode（encoding［'encoding'］）
    lines =［l for l in t1. splitlines（）if len（l）>0］
    return lines


for f in files:
    fullname = os. path. join（DATA_DIR，f）
    break
```

2）使用 nltk 库对段落中的句子进行语义分割，得到文本中的句子列表。

```
importnltk。
```

```
defget_ lines_ nlkt（txt）:
    result = []
    for t in txt:
        paragraphs = [l for l int. splitlines（）if len（l）>0]

        for p in paragraphs:
            #使用正则表达式分割句子
            sentences =nltk. sent_ tokenize（p）
lns_ of_ paragraph = [s. strip（）for s in sentences if len（s. strip
（））>3]
            for l inlns_ of_ paragraph:
result. append（l）
    return result
```

3）使用正则表达式提取每个句子中的标签组，建立 755 个文件与标签组序列的对应关系。

```
import re
pattern = r'<（[^>]+）>（. *?）</\1>|<（[^>]+）>'

#处理匹配结果
defextract_ nested_ tags（text, tags, vals）:
    matches =re. findall（pattern, text）
    #使用字典存储，但是... key 会相同，于是...
    if matches:
        for match in matches:
            #print（match）
```

```
            tag, content, _ = match
            tags. append (tag)
            vals. append (content)
            if '<' in content:
                extract_nested_tags (content, tags, vals)

    return 0

results = {}
counter = 0
for f in files:
fullname = os. path. join (DATA_DIR, f)

    #得到全部的非空句子，用 . 分割
    txt =get_txt (fullname)
    lns = get_lines (txt)

    r = [ ]
    for l inlns:
        tags = [ ]
        vals = [ ]
        extract_nested_tags (l, tags, vals)
        if (len (tags) >0):
            r. append (tags)
            #print (l, '\ n', tags)
    results [f] = r
```

```
        counter +=1
        if (counter%100 ==0):
            print ("  *", end=")
```

4）进行人工验证，检查标签组提取结果正确性，修正部分提取错误。按照得到的全部标签组，使用 pandas 的 value_ counts 完成标签组的出现频度提取。

```
vals = [ ]
for k, v inresults. items ( ):
    forele in v:
        str = "
        for t inele:
            str+= t+' '


        t1 =str. strip ( )
        iflen (t1) > 1:
vals. append (t1)

print (vals [: 5], '\ n', len (vals) )

import pandas as pd
dfVals = pd. DataFrame (vals)

dfVals. value_ counts ( ) . to_ csv ('class_ count. csv')
```

5）分割标签组为单个标签，并累计其出现的次数，完成对单个标签出现次数的统计。

```
d = {}
forele in df_tags.values:
    tags, num_count = ele
    ls_tags = tags.split('')
    #print(ls_tags, num_count)
    for tag inls_tags:
        iflen(tag) >0:
            if tag not ind.keys():
                d[tag] =num_count
            else:
                d[tag] +=num_count
```

附录3：介入资源标注全部

公共卫生广播新闻语料库（CPHBN）中介入系统的标注分为四个部分：否认（disclaim）、公告（proclaim）、接纳（entertain）和归属（attribute）。

否定（Deny）。

标注码用英文 Deny 表示。

“not”“no”“won't”“cannot”“never”“doesn't”“can't”“hasn't”“don't”“isn't”“extremely”“unlikely”“didn't”“unlikely”“couldn't”“shouldn't”“haven't”“little”“aren't”“extremely unlikely”“refuted”“missed”“wouldn't”“untrue”“unfounded”“rarely”“unafraid”“nothing”“WON'T”“NOT”“NO”“wasn't”“hadn't”“extremely impossible”

反对（Counter）。

用英文 Counter 表示。

同意（Concur）

用英文 Concur 表示。

“evidently”

宣告（Pronounce）

用英文 Pronounce 表示。

“Did ”“really”“truly”“Everybody knows”

背书（Endorse）

用英文 Endorse 表示。

“shows”“show”“showed”“found”“concluded”“indicates”“proven”“pointed out”“shown”“finds”“concludes”“proves”“revealed” "prove" "proved" "proof" "predicts" "points out" "gives" "point out" "suggest" "discovered" "demonstrates" "find" "showing"

接纳（Entertain）

用英文 Entertain 表示。

"can" "should" "could" "may" "might" "suggests" "suggested" "suggest" "must" "likely" "seems" "estimates" "probably" "estimated" "estimate" "CAN" "appeared" "seemed" "most likely" "hope"

承认（Acknowledge）

用英文 Acknowledge 表示。

"says" "say" "said" "believe" "told" "believes" "announced" "added" "hopes" "adds" "hope" "tells" "warn" "stressed" "admits" "warned" "explains" "tell" "reported" "believed" "emphasized" "understands" "confirmed" "emphasizes" "thought" "are" "think" "argues" "reassured" "agreed" "has said" "decided" "argue" "expect" "warns" "explained" "reiterated" "predicts" "notes" "stress" "insist" "feels" "stresses" "stated" "hoped" "worries" "mentioned" "declared" "expressed" "means" "fears" "demanded" "hoping" "suspect" "complain" "is hopeful" "insisted" "announces" "made it clear" "add" "responds" "reports" "report" "realize" "responded" "noted" " said" "acknowledged" "know" "vowed" "requires" "saying" "have" "wants" "acknowledges" "doubted" "cautions" "admit" "states" "promises" "proposed" "maintains" "outlines" "confirms" "wishes" "asked" "reached" "reaffirmed" "triggered" "accused" "express" "knew"

疏远（Distance）

用英文 Distance 表示。

"claims" "claimed" "mislead" "alleged" "alleges" "claiming"

附录4：被报道者标注全部

一、政治人物，政府、国家和超国家机构（Politicians, government, national and supra-national institutions）：

定义：用PolGov表示。

“Officials” “Authorities” “He” “They” “officials” “Chinese officials” “Local authorities” “authorities” “they” “Wang” “The government” “Health authorities” “Chinese authorities” “Xi” “It” “he” “Zhao” “Health officials” “Chief Executive Carrie Lam” “Local officials” “The National Health Commission” “Official data” “She” “President Xi” “the government” “The official” “Chinese health authorities” “the WHO” “The ministry” “health officials” “The Chinese government” “The World Health Organization” “President Xi Jinping” “An official” “Chinese President Xi Jinping” “China's Foreign Ministry” “The WHO” “The report” “China's National Health Commission” “health authorities” “The Chinese Foreign Ministry” “U. S. Senator Tom Cotton” “local officials” “Shao” “Shanghai authorities” “the report” “Chinese health officials” “Local government” “Cao” “Wenzhou health authorities” “Wuhan authorities” “The US Food and Drug Administration” “A report” “City officials” “Zhao Lijian” “Chinese medical authorities” “The health authorities” “Gao” “China's foreign ministry” “official data” “The local government” “The officials” “The city government” “Chinese Foreign Minister Wang Yi” “Data” “Lam” “Zhang” “Ma” “The Chinese leader” “Indonesian Foreign Minister Retno Marsudi” “it” “Lhasa's officials” “China's ministry of commerce” “Official notices” “A senior official" "The Civil Aviation Administration of China" "The city's health commission" "Zhang Jun" "Chinese Foreign Minister Wang Yi" "Zheng" "Hong Kong authorities" "The NDRC" "A Jilin official" "The Cambodian Standing Deputy Prime Minister" "Simon Wong" "some politicians" "Chen Shih-chung" "Taiwan authorities" "Chinese Foreign Ministry" "Mr Zeng Yixin" "Mr Zeng" "Somalia's ambassador to China" "A newly released white paper" "the white paper" "Shanghai customs" "the spokesperson of China's National Health Commission" "Chinese Premier Li Keqiang" "Investigators" "The local health commission" "survey" "The Institute for Supply Management" "Guangzhou officials" "Officials in southern China's Guangdong Province" "The National TCM Administration" "The city's civil affairs office" "Chinese Vice Foreign Minister Le Yucheng" "China's Commerce Ministry" "China's Ministry of Commerce" "The Commerce authorities" "Spokesperson from the country's National Health Commission" "Chinese foreign minister Wang Yi" "Wuhan's top leader" "China's CDC" "China's Foreign Ministry" "And" "The Foreign Ministry" "Transportation officials" "The commission" "Zeng" "China's top civil aviation authority" "China's railway authorities" "the WHO officials" "Data from the National Bureau of Statistics" "China's Health Commission" "China's health commission" "members of the WHO mission" "Key findings" "Commerce Ministry spokesperson Gao Feng" "the national health authorities" "Nanjing officials" "China's Center for Disease Control and Prevention" "Wu Liangyou" "Wang Dengfeng" "The commerce secretary" "The Ministry of Agriculture and Rural Affairs" "Vice Premier Sun Chunlan" "measures" "a spokesperson for the National health Commission" "The Hong Kong Federation of Restaurants and Related Trades" "The Travel Industry Council" "Another official" "an official" "The administration" "an official from the Ministry of Education" "The official" "The spokesperson for the National Health Commission" "The United Nations" "The UN report" "a health official" "Another health official" "The city's municipal commerce bureau" "Guangzhou's authorities" "The organisers" "the Hong Kong tourism board" "The National Development and Reform Commission" "An NDRC spokesperson" "a white paper released by the chamber" "China's civil aviation authority" "CAAC" "The Commerce Ministry" "A report from The American Chamber of Commerce in South China" "China's aviation regulator" "The slowing pace of decline" "The World Bank" "Customs data" " officials" "Data from the Chinese Ministry of Civil Affairs" "Some recipient countries" "UN Secretary-General Antonio Guterres" "Chinese State Councilor and Foreign Minister Wang Yi" "Liu Peijun" "China's Ministry of Industry and Information Technology" "Beijing's transport authority" "Research from China's national bureau of statistics" "The State Postal Bureau" "Mr. Zhang" "the Sichuan provincial government" "Customs agents" "And officials with the National Health Commission" "Figures" "The International Labor Organization" "The president" "Tung Chee-hwa and Leung Chun-ying" " the leader" "A health official" "Urumqi officials" "Yan" "City authorities" "The NPC" "the Beijing CDC" "The Beijing CDC" "The letter" "Official statistics" "Chinese customs data" "The head of China's CDC" "Chinese leaders" "Tianjin authorities" "Zhang Ying" "A special work group" "The group" "He Yaqiong" "The work group" "The Hong Kong epidemic data" "Data from Hong Kong" "Transport regulators" "The transport ministry" "Lhasa tourism authorities" "Wu" "Ning" "The National Health Commission" "The Party" "The community service office" "Zhou" "Wuhan's Development and Reform Commission" "educational authorities" "the deputy mayor of Wuhan" "We" "Beijing Subway" "The subway authorities" "The Shanxi Provincial Epidemic Prevention and Control Working Group" "the Housing Ministry" "Raffarin" "China's foreign minister" "Cheng" "Officers" "The provincial civil affairs department" "One member of the Chinese Peoples' Political Consultative Conference" "Official figures" "China's National Bureau of Statistics" "The spokesperson" "The Wuhan Institute of Virology" "you" "Egypt's ambassador to China" "Mohamed El-badri" "Vice Foreign Minister Le Yucheng" "The Hong Kong Tourism board" "speakers" "the United Nations" "Beijing's Administration for Market Regulation" "which" "Xu" "The white paper" "Wuhan airport authorities" "Cambodia's Deputy Prime Minister" "Beijing's commerce bureau" "Beijing authorities" "a think-tank report" "a Chinese think tank survey" "our survey" "A preliminary count" "the CAAC" "Liu" "Economic officials" "Kazakh Foreign Minister" "The US administration" "Chinese Vice Premier Liu He" "The Azerbaijani ambassador to China" "the Ministry of Industry and Information Technology" "government regulators in Beijing" "The 2019 US Open Doors Report" "The foreign minister" "Qingdao's health commission" "A senior official with the Chinese Ministry of Science and Technology" "the Beijing Health Commission" "A spokesperson" "Epidemiological survey" "Airport authority" "airport authorities" "Jilin's tourism department" "This" "The State Council" "the Chinese Foreign Ministry" "The local center for disease control" "Hebei authorities" "the officials" "The Mayor" "Bolivian President Luis Arce" "President Arce" "China's postal authorities" "Data from the State Post Bureau" "authorities in Hebei Province" "Statistics from the conference" "the IMF" "Officials from the United Nations" "Data from the World Economic Forum"

"Feng" "Ambassador Zhang" "the team" "The China Tourism Academy" "the U. S. Department of State" "White House Press Secretary Jen Psaki" "U. S. Secretary of State Antony Blinken" "data" "Hungarian officials" "Chinese president Xi Jinping" "aviation authorities" "President Biden" "The former ambassador of the Portuguese Ministry of Foreign Affairs" "The WHO report" "The Cambodian ambassador" "World Health Organization" "A leading official from Chile's health authorities" "The Chilean government" "Deng" "the director of China's Center for Disease Control and Prevention" "this report" "Huang" "Bin Chhin" "the Head of the Publicity Department of the CPC Central Committee Huang Kumming" "Chinese Foreign Ministry spokesperson Zhao Lijian" "Wang Yi" "You" "The customs agency" "Tedro" "Tian" "WHO" "Embarek" "Data from China's customs bureau" "The Chinese health authorities" "The inconclusive report" "A U. S. intelligence report" "Chinese authority" "Tang" "The final investigation" "A Myanmar official" "Tianjin officials" "The Urban Administration Bureau" "the National Health Commission" "Officials" "Hong Kong Chief Executive Carrie Lam" "Hong Kong's Department of Health" "political adviser" "Woo" "The guidelines" "The China Association of Performing Arts" "Health authorities in Shanghai" "China's National Immigration Administration" "Chen Jie" "And Shanghai's Vice-Mayor Zhang Wei" "The Shanghai Customs" "The Shanghai government" "Beijing health authorities" "Shanghai's vice mayor" "Official" "A recent report" " the National Health Commission" "Chinese heath authorities" "Hainan provincial authorities" "The provincial government" "China's health authorities" "Officials in the central city of Zhengzhou" "community health officials" "Authorities in Yining" "State Council" "China's State Council"

二、（医疗）专家和科学家［（Health）Experts and scientists］：

定义：用 HeaSci 表示。

“Experts” “experts” “He” “They” “they” “She” “Doctors” “he” “The report” “Chen” “One expert” “Zhang” “Expert” “Zhong Nanshan” “she” “Li” “Medics” “Health experts” “one expert” “Scientists” “The hospital” “Wang” “It” “Medical workers” “Research” “Zhao” “Dr. Zhang” “some scientists” “Dominic Dwyer” “Chinese health experts” “WHO experts” “Researchers” “the experts” “Dr. Ding” “medical experts” “they” “ZHANG” “The experts” “Liu” “Peng” “Yang” “doctor” “A top Chinese health expert” “DoctorLyu” “Yuan” “doctors” “Chinese experts” “scientists” “Xia Ying” “Yu” “Doctor Wang” “Zhong” “The published and peer-reviewed results” “Shao Yiming” “Experts from Egypt” “Russia” “Japan” “Kyrgyzstan” “The epidemiological” “Professor Tong” “One analyst” “some economists” “China's top respiratory expert” “Researchers in central China's Wuhan” “The nurse” “Nurses” “the hospital” “Dong” “Doctor Li” “expert” “the group” “Doctor Zhang” “TCM experts” “TCM expert Dr. Zhang Boli” “the family therapist and the divorce attorney” “The figures” “Zhang Wenhong” “The health authorities” “WHO and Chinese researchers” “the international multidisciplinary team” “One team member” “Public health experts” “Doctor Wan” “one doctor” “the nation's top economists” “the data” “An expert” “Qi” “Doctor Albaadani” “Health workers” “Doctor Zhao Zhigang” “The doctor at the county hospital” “nutritionists” “Several health experts” “The counselors” “The consultants” “Another medical expert” “the team” “Epidemic expert Wu Huanyu” “Ma Xuejun” “Dr Peng” “Chinese doctors' latest studies” “Mr. Ma” “Some Chinese experts” “The 72-year-old doctor” “Zhou” “Huang” “doctor Hu” “Lin”

"Dr. Christian" "Some legal experts" "Head of the hospital" "Grandmother Lin" "Many doctors and nurses" "Local medical teams" "The doctors and nurses" "Wu" "Team leader Cheng" "Dr. Korten" "One Chinese vaccine expert" "Frontline nurse" "Jia Na" "his doctor" "Dr. Zhong" "One doctor" "Chang Xiaoyue" "China member Chen Jingguo" "A Telegraph report" "we" "A doctor" "the doctor" "it" "Some health experts" "Data" "Professor Zhang" "The team" "The chief epidemiologist of the Chinese Center for Disease Control & Prevention" "Chinese experts in WHO mission" "The joint research team" "President Liu" "Dr. Li" "Aviation experts" "Dr. Liu Bende" "Dr. Ma Xin" "Dr. Ma" "You" "Kong" "Dr. Bruce AYLWARD" "The WHO expert" "Director Peng" "the nurses" "Xia" "The members of the disinfection team" "Li" "The analysis" "US experts" "David Kroll with the University of Colorado's Skaggs School of Pharmacy" "Brady" "Chinese health workers" "Practitioners" "Chinese doctors" "The doctors from Beijing" "military nurses" "Chinese medical experts" "Dr. Liu" "The management of West China Hospital" "Dr. Peng" "Many health professionals" "The Chinese medics" "Diplomatic experts" " the results" "top Chinese microbiology and virology scientists" "A microbiologist from the Chinese Academy of Sciences" "Professor Lin Guijun" "Doctors Zhang and Hu" "Many other medical professionals" "Alcohol addiction expert Wang Gang" "Hu Xuejun" "Slovenia and the SCO" "Some industry experts" "Wu Zunyou" "Xu Jianguo" "This evidence" "medics" "Du Yutao" "the people in the Huo-Yan labs" "System data" "Heng" "some experts" "The couple" "A research team" "The research team" "Krogan" "both experts" "Both" "U. S. experts" "The doctor" "ZHU" "A report" "The leader of the WHO mission to Wuhan" "the WHO researchers" "Comparison of the data from sequence databases with those from surveys of potential reservoir species" "Current scientific evidences" "A report based on a joint WHO-China study" "the report" "Professor Yang Yungui" "The joint expert group" "Experts from the WHO-China joint team" "former U. S. CDC Director Robert Redfield" "an open letter by 26 scientists" "Dr. Peter Daszak" "Dr. Daszak" "China's top virologist Shao Yiming" "Doctor Zhong Nanshan" "Sampling results" "Leung" "serological and tracing studies" "Andersen" "Medical experts" "Shao" "Current studies" "experts from the World Health Organization" "One member from the WHO" "eleven experts" "More studies" "the article" "The article" "The results" "Chinese and WHO experts" "And scientists" "an American biologist" "Marion Koopmans" "This" "Chinese virologist Tong Yigang" "The analysis results" "Early results" "Some healthcare workers" "Zhou and Tang" "Doctor Lu Xiang" "Lu" "A medical expert from the Hong Kong University" "A Shanghai hospital" "The Shanghai Public Health Clinical Center" "The sampling results" "Zou" "An expert" "Human resources experts" "Gong" "Dr. Shen" "Our expert group" "Fang" "A Chinese expert" "Doctors in this hospital" "Zeng"

三、其他精英、家喻户晓人物及公司（Other elites, household names and companies）：

定义：用 OthEli/HouNam 表示。

"He" "The company" "he" "Zhang" "She" "Li" "the company" "Chen" "They" "Liu" "Data" "they" "It" "LinJinxiang" "Wang" "she" "The manager" "Sinovac" "Hu" "Analysts" "Industry insiders" "analysts" "Jia" "Professor He" "Researchers" "This" "Tong" "Zhu" "You" "Midea" "Deng" "The general manager" "Lin" "Gabor" "Jian" "Wong" "Sinopharm" "Xia" "China National Biotec Group's (CNBG)" "reports" "report" "Director of the Institute of African Studies of Zhejiang Normal University Liu Hongwu" "Ctrip" "some tourist destination managers" "Sichuan AI-Link Technology" "The Group" "Wuhan Iron and Steel" "Mckinsey's recent report" "Another McKinsey's report" "Statistics" "the Delegation of German Industry & Commerce in China" "Nicolas Poirot" "Poirot" "Shen Shuo" "Shen" " They" "Religious figures" "Religious leaders" "A new study" "The data" "The study" "A study" "the Brunei actor and singer Wu Chun" "The owner of Beijing's leading home service agency" "Yu" "The communication Department of the Xinfadi Market" "it" "Ai Hong" "the manager" " Aihong " " Livestreaming app Douyin " " Li Dong " " Lu " "Business owners" "the airline" "Industry watchers" "Data from the Chinese travel service platform Fliggy" "Mr. Han" "CGTN reporter Zheng Yibing" "Ifree Cineplex" "Zhong" "The latest data for 2020" "Director Cao Jinling" "The film's producer Li Wei" "insiders" "Restaurant owners" "China Southern" "A Beike executive" "Hu Bo" "Beijing's leading home service agency" "Corteva Agriscience" "Gu" "The company's chairman" "Huamai" "Enrich HK" "Indian media India Today" "India Today" "Four Chinese vaccine manufacturers" "The four Chinese vaccine companies" "The Guangdong Association of Garments and Garment Article Industry" "Bus companies" "The factory" "The owner of one breakfast restaurant chain" "The restaurant chain owner" "This restaurant" "Its manager" "Seven Fresh" "Han's employer Jindingxuan" "The company's Chairman Sheng Wenhao" "the Beijing Hairdressing and Beauty Association" "Fu" "Tao Yuan" "Lu Sirui" "Jing Dong Worldwide" "The management" "Anxin" "VSPN" "Zhang Qi" "HE" "Director Dai" "Cheng" " Zespri" "Hon" "Huawei" "Dong" "Ke" "the museum" "The curator" "The chemical company" "Disney" "General manager

Ma Qinghai" "analysts" "China's largest cinema chain operator Wanda Film" "Its deputy chief financial officer" "SF" "a manager" "Data" "Zhan Yi" "Ye Xin" "Yang" "CHEN" "The bank" "Bank of Shanghai" "Jabil" "Fang" "China National Biotec Group" " Jabil" "The operators" "British sociologist Martin Albrow" "University President Huang Qingxue" "Huang" "these entrepreneurs" "Michael Phelps" "Kevin" "Guan" "Wu Guoxiu" "The owner of the gallery" "HitGen" "a fund manager" "Educators" "Dixon" "It" "Professor Peverelli" "The company head" "Over half of the surveyed companies" "Professor Zhang" "we" "China Southern Airlines" "Xinfadi's manger" "the headmaster" "the principal" "industry leaders" "The report" "the bank" "City Book Room" "Bookstore owners" "Xu" "The Chinese tech companies" "Shi" "Chris Birt" "Birt" "aviation analyst Luya You" "BBA" "Zhou" "a K-shaped recovery" "Sinopharm Holdings" "The pharmaceutical company" "Didi Chuxing" "Huaxiaozhu" "Didi" "Brazil's Butantan biomedical center" "the CEO of Sinovac" "Su Yunsheng" "Zheng Weisheng" "More economic indicators" "The New York Times" "The director of the IT department" "The IT director" "executive director" "a USA TODAY analysis" "Beiqi Foton Motor" "A manager from Beijing's Babaoshan Renmin Cemetery" "Meng" "IATA" "this area" "Organizers" "the organizers" "President of the China Society for Human Rights Studies" "The U. S. media" "Global Times" "Stephen Kinzer" "The current results" "travel agencies" "Some travel agents" "Li" "Our reporter Zhou Jiaxin" "Vaccine producers" "Freight-tracking firm Freightos" "The economist" "I" "Sun" "Anwar Adams" "you" "A study by The Chinese University of Hong Kong" "Xi'an Metro" "Ding" "The manager" "Qiu" "Financial institutions" "The Shanghai Stock Exchange" "Meituan" "A report" "Delivery companies" "COSCO executive Yuan Hao" "Yuan" "You Yang" "Ji Gucheng" "the company's manager" "Professor Liu" "Li Qi" "she she" "Cui" "Xie" "Bayer" "Both companies" "The neighborhood committee" "Agents" "ZTO Express" "Shunfeng Holding" "Foxconn" "The Asian Development Bank" "Pethyoeung" "The chef"

四、普通人（Ordinary people by names）：

定义：用 OrdPeoNam 表示。

"He" "She" "he" "she" "They" "Huang" "Liu" "Li" "Chen" "HAN" "Wen" "Yu" "Xu" "I" "Song" "Yang" "Mr. Zhu" "Sana'a" "Sisi" "Li Jing" "Su Haifang" "Xing" "the 75-year-old" "Li Mei" "Yang Zihan" "this dedicated public servant" "John" "Both men" "The event planner" "Omar Khan" "It" "Simi" "Mr. Han" "Guy" "Lee" "Jenny" "Li's wife" "The 35-year-old from Muchuan in southwestern China's Sichuan Province" "Li's parents" "My father" "Wan Bin" "Chen Heng" "The 52-year-old" "Shi" "The student" "One Russian student" "Stanislav" "The couple" "Peng" "Deng" "Both" "Wang" "Zhou" "Sisi's mother" "The filmmaker" "Shueh" "AIIB members" "Zhong" "One of the air carriers" "the captain" "Huang Zixi and her husband" "The mosque's Hatip" "Long" "An" "Luo" "Ms. Wang" "My husband" "The elderly couple" "Yihan" "Zheng" "Wu Yang" "Wu" "Zhang" "My roommate" "Bai" "Alex" "Yingying" "The graduate student" "students" "Her two-year-old son" " his dad" "The new husband" "This 17-year old student" "Guo" "Ryo" "Raynald" "Shuyu" "This visitor" "This man" "Adham" "his room-mate" "Jiawei" "Xinlin" "Lane Crawford" "Yang Peiyu" "Ninety-three-year-old Gao Jingjie" "Xiao Lu" "Huang Guibiao" "We" "The man" "He" "they" "Xiao" "Habib" "Yan" "Zhao" "Ada" "Tang" "Runxin" "Runxin's mother" "Bo Mumeng" "Bo" "Mr. Ke" "Li Qiming" "Thirty-year-old engineer Jason Fan" "39-year-old Ronnie Ma" "50-year-old Mr. Zhang" "34-year-old Li Jing"

五、泛指（Role/general labels）：

定义：用 Rol/GenLab 表示。

"They" "they" "Some" "many" "Many" "some" "Residents" "residents" "Staff" "Reports" "It" "People" "volunteers" "Data" "it" "many Chinese manufacturers" "She" "Many people" "The volunteers" "many people" "Community workers" "Locals" "many parents" "Many foreign enterprises" "One patient" "Many companies" "reports" "there" "more than 80%" "This restaurant owner" "He" "Dozens of countries" "Some patients" "My son" "These international students" "A worker" "Only four percent of respondents" "The community" "some countries" "Many ofthose foreigners" "Many countries" "Our teacher" " some" "staff" "Staff on the site" "a text message" "The staff" "Many in the hospitality industry" "locals" "exporters" "A Chinese proverb" "A report" "Statista" "One machine manufacturer" "The staff here" "Some annual pass holders" "some hotels" "They" "others" "the joint venture" "companies" "ancient Chinese" "Lawmakers" "Some of those" "Neighbors" "China's experience" "language" "Farmers" "This food court mall" "Team members" "Some people" "multiple countries" "some residents" "teachers and students" "A foreign lender" "a professor in the Netherlands" "Representatives" "Some of the theories" "manufacturers" "One friend online" "Some migrant workers" "Many local residents" "Huang" "Some Western media and organizations" "Everybody" "That" "Many teachers" "data" "Many patients" " they" "The community workers" "Many of my friends" "Passengers and residents" “many passengers” “Chinese companies” “Volunteers” “Many Wuhan residents” “many Japanese netizens” “few” “residents’ cooperation and solidarity” “the minds” “The kids” “they” “Many schools and students” “Some local firms” “Some foreign exhibitors” “Local reports” “The trend” “those” “Bus staff” “Recent reports” “his passengers” “all of them” “Some college student passengers” “doctors and patients” “Studies” “The participants” “everyone” “employees” “The building’s management” “Facilitators” “More industry leaders” “who” “many of them” “Wuhan residents” “Quite a few studies” “no evidence” “these latest cases” “many Wuhan residents” “A number of attendees” “other researchers” “Some volunteers” “it” “Latest investigation” “His daughter” “tougher lockdown measures” “its extension” “Latest statistics” “These zongzi masters” “Hotels” “Many of my patients” “Investors” “ the hotel” “Concerns”

六、地缘或文化上与读者相近（Geographically or culturally close to the target readers）：

定义：用 PlaCloRea 表示。

“China” “Beijing” “the city” “It” “Shanghai” “France” “the country” “The city” “Turkey” “Washington” “the nation” “the tourist destination” “the United Arab Emirates” “The capital” “Both” “The Chinese mainland” “Hong Kong” “Thailand” “Zhengzhou” “The southern Chinese city of Guangzhou” “Egypt” “China’s northwestern city of Xi’an” “Fengtai district” “It”

附录 5：USAS 赋码集

A 1
GENERAL AND
ABSTRACT TERMS
一般和抽象术语
A1. 1. 1
General actions,
making etc.
一般动作
A1. 1. 2 Damaging and
destroying
破坏
A1. 2
Suitability
适合
A1. 3
Caution
小心
A1. 4
Chance, luck
机会，幸运
A1. 5
Use
用处
A1. 5. 1 Using
使用
A1. 5. 2 Usefulness
有效性
A1. 6
Physical/Mental
生理/心理
A1. 7
Constraint
限制
A1. 8
Inclusion/Exclusion
包括/排斥
A1. 9
Avoiding
避免
A2
Affect
影响
A2. 1
Affect: -Modify,
change
影响：调整，改变
A2. 2
Affect: -
Cause/Connected
影响：原因/联系
A3
Being 存在
A4
Classification
分类
A4. 1
Generally kinds,
groups, examples
一般分类和列证
A4. 2
Particular/general;
detail
特殊/一般；细节
A5
Evaluation
评价

A5. 1
Evaluation：-Good/
Bad
评价：好/坏
A5. 2
Evaluation：-True/
False
评价：正/误
A5. 3
Evaluation：-Accuracy
评价：准确性
A5. 4
Evaluation：-
Authenticity
评价：真实性
A6
Comparing
比较
A6. 1
Comparing：-
Similar/Different
比较：相似性/相异性
A6. 2
Comparing：-
Usual/Unusual
比较：普通性/稀有性
A6. 3
Comparing：-Variety
比较：多样性
A7
Definite（+ modals）
确定（+情态动词）
A8
Seem
看来
A9
Getting andgiving；
possession
取予；拥有
A10
Open/Closed；
Hiding/Hidden；
Finding；
Showing
开/关 隐藏 寻找 展示
A11
Importance
重要性
A11. 1
Importance：Important
重要性：重要
A11. 2
Importance：
Noticeability
重要性：显著
A12
Easy/Difficult
容易/困难
A13
Degree
程度
A13. 1
Degree：Non-specific
程度：不确定
A13. 2
Degree：Maximizers
程度：最大化
A13. 3
Degree：Boosters
程度：增强
A13. 4
Degree：Approximators
程度：估计
A13. 5
Degree：Compromisers
程度：妥协
A13. 6
Degree：Diminishers

程度：减弱
A13. 7
Degree：Minimizers
程度：最小化
A14
Exclusivizers/Particu-
lari
zers
排斥化/特殊化
A15
Safety/Danger
安全/危险
B1
Anatomy and
physiology 解 剖 与 生
理 34
B2
Health and disease
健康与疾病
B3
medicines and medical
treatment
医药与治疗
B4
Cleaning and personal
care
清洁与个人护理
B5
Clothes and personal
belongings
衣物和私人用品
C1
Arts and crafts
艺术与工艺
E1
EMOTIONAL ACTIONS，
STATES AND PRO-
CESSES
General
一般情感类行为、状
态和过程
E2
Liking
喜爱
E3
Calm/Violent/Angry
平静/强烈/愤怒
E4
Happy/Sad
喜与悲
E4. 1
Happy/Sad：Happy
喜与悲：高兴
E4. 2
Happy/Sad：
Contentment
喜与悲：满足
E5
Fear/Bravery/Shock
恐惧/勇敢/震惊
E6
Worry，concern，
confident
担忧，关注，信心
F1
Food
食物
F2
Drinks
饮品
F3
Cigarettes and drugs
香烟与毒品
F4
Farming & Horticulture
农业与园艺
G1
Government，Politics

and elections
政府，政治和选举
G1.1
Government etc.
政府
G1.2
Politics
政治
G2
Crime，law and order
犯罪，法律和秩序
G2.1
Crime，law and order：Law and order
犯罪，法律和秩序：法律和秩序
G2.2
General ethics
一般伦理
G3
Warfare，defence and the army；weapons
战争，国防，军队；武器
H1
Architecture and kinds of houses and buildings
建筑学和各类房屋
H2
Parts of buildings
建筑局部
H3
Areas around or near houses 建筑周围
H4
Residence
住房
H5
Furniture and household fittings
家具和家装
I1
Money generally
金钱：总体
I1.1
Money：Affluence
金钱：富裕
I1.2
Money：Debts
金钱：负债
I1.3
Money：Price
金钱：价格
I2
Business
商业
I2.1
Business：Generally
商业：总体
I2.2
Business：Selling
商业：销售
I3
Work and employment
工作与就业
I3.1
Work and employment：Generally
工作与就业：总体
I3.2
Work and employmeny：Professionalism
工作与就业：职业化
I4
Industry
工业
K1

Entertainment: generally
娱乐：总体

K2
Music and related activities
音乐及相关活动

K3
Recorded sound etc.
录音等

K4
Drama, the theatre and showbusiness
戏剧与演艺业

K5
Sports and games: generally
体育和游戏：总体

K5.1
Sports
体育

K5.2
Games
游戏

K6
Children's games and toys 儿童游戏 玩具

L1
Life and living things
生命与生物

L2
Living creatures generally
生物：总体

L3
Plants
植物

M1
Moving, coming and going
移动，来去

M2
Putting, taking pulling, pushing, transporting 放置，推拉，传送

M3
Vehicles and transport on land
陆地交通 35

M4
Shipping, swimming etc. 船运，游泳等

M5
Aircraft and flying
飞行器和飞行

M6
Location and direction
位置和方向

M7
Places
地点

M8
Remaining/Stationary
静止

N1
Numbers
数字

N2
Mathematics
数学

N3
Measurement
测量

N3.1
Measurement: General
测量：总体

N3.2

Measurement：Size
测量：大小
N3. 3
Measurement：
Distance
测量：距离
N3. 4
Measurement：Volume
测量：体积
N3. 5
Measurement：Weight
测量：重量
N3. 6
Measurement：Area
测量：面积
N3. 7
Measurement：Length
&height
测量：长和高
N3. 8
Measurement：Speed
测量：速度
N4
Linear order
线性顺序
N5
Quantities
数量
N5. 1
Entirety；maximum
全部；最大值
N5. 2
Exceeding；waste
超过；浪费
N6
Frequency etc.
频数等
O1
Substances and
materials：generally
实体与材料：总体
O1. 1
Substances and
materials：Solid
实体与材料：固体
O1. 2
Substances and
materials：Liquid
实体与材料：液体
O1. 3
Substances and
materials：Gas
实体与材料：气体
O2
Objects：generally
物体：总体
O3
Electricity and
electrical equipment
电与电气设备
O4
Physical attributes
实体特性
O4. 1
General appearance
and physical properties
总体外观与实体属性
O4. 2
Judgement of
appearance（pretty
etc.）
对外观的评判（如美
丽）
O4. 3
Colour and colour
patterns 色彩和颜色
图案
O4. 4

Shape
形状
O4. 5
Texture
质地
O4. 6
Temperature
温度
P1
Education：in general
教育：总体
Q1
LINGUISTIC ACTIONS，STATES ANDPROCESS-ES；COMMUNICATION
语言行为，状态和过程；传播
Q1. 1
LINGUISTIC ACTIONS，STATES ANDPROCESS-ES；COMMUNICATION
语言行为，状态和过程；传播
Q1. 2
Paper documents and writing 书面文件和写作
Q1. 3
Telecommunications
电信交流
Q2
Speech acts
演讲
Q2. 1
Speechetc：-Communicative
演讲：交流
Q2. 2
Speech acts
演讲活动
Q3
Language，speech and grammar
语言，言语和语法
Q4
The Media
媒体
Q4. 1
TheMedia：-Books
媒体：书籍
Q4. 2
TheMedia：-Newspapers etc.
媒体：报刊等
Q4. 3
TheMedia：-TV，Radio and Cinema
媒体：影视
S1
SOCIAL ACTIONS，STATES AND PROCE-SSES
社会行为，状态和过程
S1. 1
SOCIAL ACTIONS，STATES AND PROCE-SSES
社会行为，状态和过程
S1. 1. 1 SOCIAL ACTI-ONS，STATES AND PROCE-SSES
社会行为，状态和过程
S1. 1. 2 Reciprocity
交互性
S1. 1. 3 Participation
参与性
S1. 1. 4 Deserve etc.
应当等

S1. 2
Personality traits
个人特性
S1. 2. 1
Approachability and Friendliness
亲近和友好程度 36
S1. 2. 2 Avarice
贪婪
S1. 2. 3 Egoism
自我中心
S1. 2. 4 Politeness
礼貌
S1. 2. 5 Toughness; Strong/Weak
坚强；强/弱
S1. 2. 6 Sensible
理智
S2
People
人
S2. 1
People: -Female
人：女人
S2. 2
People: -Male
人：男人
S3
Relationship
人际关系
S3. 1
Relationship: General
人际关系：总体
S3. 2
Relationship: Intimate/sexual
人际关系：亲密/性
S4
Kin
亲戚
S5
Groups and affiliation
团体与从属
S6
Obligation and necessity
义务与需要
S7
Power relationship
权力关系
S7. 1
Power, organizing
权力，组织
S7. 2
Respect
尊敬
S7. 3
Competition
竞争
S7. 4
Permission
批准
S8
Helping/Hindering
促进/阻碍
S9
Religion and the supernatural
宗教与超自然
T1
Time
时间
T1. 1
Time: General
时间：总体
T1. 1. 1
Time: General: Past
时间：总体：过去

T1.1.2 Time: General: Present; Simultaneous
时间：总体：现在；同步
T1.1.3
Time: General: Future
时间：总体：未来
T1.2
Time: Momentary
时间：瞬间
T1.3
Time: Period
时间：片段
T2
Time: Beginning and ending 时间：始与终
T3
Time: Old, new and young; age
时间：新旧；年龄
T4
Time: Early/Late
时间：早与迟
W1
The universe
宇宙
W2
Light
光
W3
Geographical terms
地理术语
W4
Weather
天气
W5
Green issues
环境问题
X1
PSYCHOLOGICAL ACTIONS, STATES AND PROCESSES
心理活动，状态和过程
X2
Mental actions and processes
精神活动和过程
X2.1
Thought, belief
想法，信念
X2.2
Knowledge 知识
X2.3
Learn
学习
X2.4
Investigate, examine, test, search
调查，测试，查找
X2.5
Understand
理解
X2.6
Expect
期望
X3
Sensory
感官
X3.1
Sensory: -Taste
感官：味觉
X3.2
Sensory: -Sound
感官：听觉
X3.3
Sensory: -Touch
感官：触觉

X3. 4
Sensory：-Sight
感官：视觉
X3. 5
Sensory：-Smell
感官：嗅觉
X4
Mental object
心理物体
X4. 1
Mentalobject：-
Conceptual object
心理物体：概念物体
X4. 2
Mentalobject：-Means，
method
心理物体：方式，方法
X5
Attention
注意力
X5. 1
Attention
注意力
X5. 2
Interest/boredom/
excited/energetic
兴趣/厌烦/兴奋/有精
力
X6
Deciding
决定
X7
Wanting；planning；
choosing
想要，计划；选择
X8
Trying
尝试 37
X9
Ability
能力
X9. 1
Ability：-Ability，
intelligence
能力：技能与智力
X9. 2
Ability：-Success and
failure
能力：成功与失败
Y1
Science and
technology in general
科技常规类
Y2
Information
technology and comput-
ing
信息技术与计算机
Z0
Unmatched proper
noun
未分类的专有名词
Z1
Personal names
人名
Z2
Geographical names
地名
Z3
Other proper names
其他专有名词
Z4
Discourse Bin
话语垃圾箱
Z5
Grammatical bin
语法垃圾箱
Z6

Negative

否定

Z7

If

如果

Z8

Pronouns etc.

代词等

Z9

Trash can

垃圾箱

Z99

Unmatched

未分类